中国建设科技集团科技创新基金项目

农业型特色小城镇产城乡一体化空间配置研究

农业型特色小城镇空间配置技术研究课题组　著

中国建筑工业出版社

图书在版编目（CIP）数据

农业型特色小城镇产城乡一体化空间配置研究 / 农业型特色小城镇空间配置技术研究课题组著 . —北京：中国建筑工业出版社，2019.11

ISBN 978-7-112-24252-8

Ⅰ.①农… Ⅱ.①农… Ⅲ.①小城镇—城乡一体化—资源配置—研究—中国 Ⅳ.①F299.21

中国版本图书馆CIP数据核字（2019）第217813号

在乡村振兴的时代背景下，小城镇成为有效组织农村生产生活并协调城乡关系的重要载体，本书从农业产业化的角度切入研究，以产业功能为线索探讨空间问题，试图找到内生动力与空间表现之间的逻辑关系，进而深入到城乡问题的核心痛点，实现城乡系统性融合。本书的研究，旨在为农业型特色小城镇产城乡一体化空间配置提供参考与借鉴，以促进该类型地区乡村经济发展，实现乡村快速发展。

责任编辑：石枫华 付 娇 兰丽婷

责任校对：赵听雨

农业型特色小城镇产城乡一体化空间配置研究

农业型特色小城镇空间配置技术研究课题组 著

*

中国建筑工业出版社出版、发行（北京海淀三里河路9号）

各地新华书店、建筑书店经销

北京点击世代文化传媒有限公司制版

北京建筑工业印刷厂印刷

*

开本：787×1092毫米 1/16 印张：7¾ 字数：143千字

2019年11月第一版 2019年11月第一次印刷

定价：45.00元

ISBN 978-7-112-24252-8

（34761）

本书编委会

前　言 PREFACE

在乡村振兴的时代背景下，为满足促进乡村经济发展、改善乡村人居环境以及提高村民生活水平的需求，处理好乡村产业与空间的关系就显得尤为重要。

小城镇作为有效组织农村生产生活并协调城乡关系的重要载体，本书从农业产业化的角度切入研究，以产业功能为线索探讨空间问题，试图找到内生动力与空间表现之间的逻辑关系，进而深入到城乡问题的核心痛点，实现城乡系统性融合。本书的研究，旨在为农业型特色小城镇产城乡一体化空间配置提供参考与借鉴，以促进该类型地区乡村经济发展，实现乡村快速发展。

全书的结构如下：

第 1 章　中国小城镇发展特征研究，具体包括小城镇发展背景和现状研究，通过对现状情况的归纳整理，总结出小城镇的主体特征和面临的主要问题，并由此预判小城镇可能的发展趋势，进而提出小城镇发展战略和特色化发展策略。由杨琼、杨柳编写。

第 2 章　新型农业产业化发展路径与模式研究，从产业化的角度着手，首先挖掘农业产业化的核心内涵，整理国内外农业产业化发展经验，归纳农业产业链的系统环节，解读新型农业产业化的概念，提出新型农业产业化的发展战略、发展模式和发展路径，以及新型农业产业化对小城镇的发展影响。由杨琼、陈悦编写。

第 3 章　特色小城镇全域空间要素研究，从空间的视角，研究小城镇全域范围内包含的所有物质空间的要素，以及基于城乡一体化发展的资源配置情况。把复杂综合的空间通过层层分级和分类，按照“对象—功能”的划分原则，拆解为功能明晰的空间要素，并对其自身的特性进行研究。将小城镇全域空间分解为三级，包含 12 种功能，31 类要素。以功能为主导，对空间要素所包含的物质空间形态、人的活动行为和意向等特征进行剖析，并得出不同空间要素之间的关系，形成完整的全要素空间配置体系。由赵明草、宋文博编写。

第 4 章　基于产城乡一体化的空间耦合关系研究，探讨农业产业化的发展和小城镇全域空间的演化是如何相互影响、相互作用的。在根固性影响因素和变择性影响因素的共同作用下，通过两者耦合关系的作用机制，最终得出耦合状态的整体展现形式。将农业产业化发展逻辑与全要素空间配置进行匹配，寻找与农业产业化密切相关的空间要素，以及在产业发展路径内空间配置的变化特征。将耦合状态下空间要素叠加出不同的组合模式，并以关联性逻辑推演不同空间要素的组合结构，最终推导出 4 类共 6 种不同的小城镇全域空间结构模型。由赵明草、李远、胡天羽编写。

第 5 章　特色小城镇全域空间规划体系研究，首先解释了特色小城镇全域空间规划的内涵与作用，在分析现有小城镇全域空间规划编制存在问题的基础上，构建起特色小城镇全域空间规划体系，进而提出特色小城镇全域空间规划的编制技术要点。由张曦、李坤编写。

感谢李宏、陈田、孙若梅、张莉、顾永涛、饶戎、武凤文、张新民在本书编著过程中给予的指导与帮助。

全书由史纪统稿。

本书在编写过程中，参考、援引了部分与小城镇建设相关的文章和技术内容，在此向有关作者表示衷心的感谢。由于编者水平和时间所限，书中难免存在疏漏之处，恳请广大读者批评指正。

著者

2019 年 5 月

目 录

CONTENTS

第 1 章　中国小城镇发展特征研究

1.1　小城镇发展概况

1.1.1　小城镇发展历程回顾

1.1.1.1　起步动荡发展阶段（1949 ~ 1978 年）

中华人民共和国刚刚成立，政府在原有城镇体系的基础上做了调整，设立了 136 个城市，并在农村调整生产关系，推动农村经济的发展。在这样的条件下，很多小城镇得以发展起来。但这个时期镇的设置还不规范，没有统一的设镇要求和标准，所以镇的设置比较乱，增长也比较快，到 1953 年全国共有 5402 个镇。1954 年《中华人民共和国宪法》颁布，规定镇与乡一样同为县辖基层行政区划建制。1955 年我国颁布了《关于设置市、镇建制的决定》，首次做出设置镇的条件规定，并要求镇以下不再设乡，按规定要求，截止到 1956 年底，全国共有建制镇 3672 个。

1958 年后受"大跃进"和人民公社化运动的影响，建制镇出现了超常规发展，全国的建制镇由 1958 年的 3621 个增加到 1961 年的 4429 个，但政治环境的不稳定很快使小城镇的发展由增长走向萎缩。由于"左"的错误政策，国民经济遭受到严重挫折，到 1964 年，全国建制镇迅速减少到 2877 个。"文革"期间，国民经济进一步遭受破坏，工商业日益萧条，建制镇又进一步萎缩，到 1978 年底，全国建制镇减少到只有 2850 个，比 1961 年减少了 36%。

1.1.1.2　繁荣壮大发展阶段（1979 ~ 2001 年）

改革开放后，党和国家把工作的重点从阶级斗争转移到社会主义现代化建设上来，小城镇发展也从低谷期进入到蓬勃发展期。1978 年是我国小城镇发展的分水岭，政府开始有计划地发展小城镇，小城镇发展的停滞状态开始改变，但由于建制镇人口是以严格的行政手段进行控制的，小城镇的发展仍远远落后于经济、社会进步的要求，至 1983 年底，全国仅有 2781 个建制镇。

1983 年，费孝通提出"小城镇，大问题"的论题，小城镇发展受到了更广泛的社会关注。1984 年，全国基本上完成了政社分设，人民公社制度全面废止，很多人民公社直接变为了建制镇，同年底，国务院批准了《关于调整建镇标准的报告》，规定了建镇的基本条件，小城镇得到迅速发展。1984 年全国建制镇迅速增加到 6211 个，1992 年突破 1 万达到 10587 个，是 1978 年的 4 倍。

1990 年代以后，随着市场经济体制和农村工业化的发展，农民从土地上解放出来，纷纷投入到乡镇企业中去，这个阶段的小城镇得以快速发展。同时，政府出台了放宽户籍限制的政策，更是给小城镇的发展施了一把力。但是在快速发展的同时，也暴露了一些不可小视的问题：如一些小城镇布局不合理，缺乏长远规划；一些小城镇盲目追求经济发展而忽视社会和环境效益；一些小城镇各类基础设施不齐全等。2000 年，中共中央、国务院出台了《关于促进小城镇健康发展的若干意见》，表明国家促进小城镇发展从单纯追求数量增长转变到提高小城镇建设质量和水平，预示着改革和发展将在更深的层次、更广阔的领域展开，到 2000 年底，全国建制镇的数量已经达到 20312 个，3 年后的 2003 年底，建制镇的数量更是猛增到 42620 个，是 1978 年的 15 倍。

1.1.1.3　稳定统筹发展阶段（2002 ～ 2011 年）

2002 年，党的十六大以来，中国的城镇化战略由“重点发展小城镇”调整为“大中小城市和小城镇协调发展，走中国特色的城镇化道路”，城镇化在实现全面建设小康社会的实践中占据着越来越重要的地位。在这样的城镇化战略布局下，小城镇不断优化自身的发展路径，以现有的县城和有条件的建制镇为基础，相对集中地投资基础设施建设，集中力量有重点、高质量地发展，培养区域的经济凝聚点，发挥其聚集效应和规模效益，形成特色，带动整个区域的发展，避免小城镇过于分散、规模过小造成的种种经济社会问题。党的十六大还提出：“统筹城乡经济社会发展，建设现代农业……是全面建设小康社会的重大任务”，这是城乡统筹概念的首次提出。2003 年 10 月，党的十六届三中全会在统筹发展思想上有了进一步的拓展。十六届三中全会明确提出了统筹城乡发展、统筹经济社会发展、统筹人与自然和谐发展和统筹国内发展和对外开放。统筹发展思想是科学发展观的重要内容。2003 年 10 月 22 日，成都在双流县召开了推进城乡一体化工作现场会，确定以城乡一体化作为城市发展战略，“三个集中”为根本办法，推进新型工业化、新型城镇化和农业现代化，把城乡一体化正式作为全市的重大战略部署全面推进，揭开了统筹城乡发展序幕。

2004 年、2007 年、2012 年国家发改委办公厅先后下发了《开展全国小城镇发展改革试点工作的通知》，在全国选出了三批 647 个小城镇作为发展改革试点，在实践中探索既符合本地区又符合中国国情的小城镇发展模式，这些小城镇在特色中融入生态环保、低碳节能、循环经济等现代元素，形成可持续发展能力，以增强“小城镇产业发展、公共服务、吸纳就业、人口聚集功能”，使其能够吸收更多的农村剩余劳动力，促进中国城镇化的健康可持续发展。

1.1.1.4　战略提升发展阶段（2012 年至今）

2012 年，党的十八大将城镇化从局限于“区域协调发展”上升为全面建设小康社会的载体和实现经济发展方式转变的重点。它将是中国经济发展的最大潜在内需，也是支撑中国经济未来 20 年乃至 30 年高速增长的最大动力。

2012 年 12 月，中央经济工作会议首次正式提出“把生态文明理念和原则全面融入城镇化全过程，走集约、智能、绿色、低碳的新型城镇化道路”。

2013 年 11 月，党的十八届三中全会通过《中共中央关于全面深化改革若干重大问题的决定》，明确提出“坚持走中国特色新型城镇化道路，推进以人为核心的城镇化。”

2014 年 03 月：中共中央、国务院印发《国家新型城镇化规划（2014 ~ 2020 年）》，以城市群为主体构建大中小城市和小城镇协调发展的城镇格局。

2017 年 10 月，党的十九大明确把乡村振兴与科教兴国、人才强国、创新驱动发展、区域协调发展、可持续发展、军民融合发展战略等并列为党和国家未来发展的重大战略。

从十六大提出“统筹城乡经济社会”，到十八大提出“推动城乡发展一体化”，体现了我国经济社会发展战略的进一步深化。十年的统筹城乡发展实践和理论创新，为城乡一体化发展奠定了坚实的基础。党的十八大的新型城镇化，以及十九大报告提出乡村振兴战略，首次将“城乡融合发展”写入党的文献，标志着中国特色社会主义城乡关系进入新时代。

1.1.2　小城镇的规模

纵观以前我国小城镇发展研究的状况可以发现，以往小城镇的研究重点多放在定性理论方面的研究，如小城镇发展类型、小城镇发展的经济模式及其小城镇发展的主要特征等，而具体到小城镇的规模研究较少，如人口规模、用地规模等。

1.1.2.1　人口规模

我国小城镇的人口规模差异较大，本研究根据《中国县域统计年鉴 2017（乡镇卷）》相关统计数据，对全国 20000 多个建制镇的镇域人口和镇区人口进行了计算分析。

1. 镇域人口分析

经统计计算，至2016年底，我国小城镇平均镇域人口为37212人。其中9%的建制镇镇域人口在1万人以内，22%的小城镇镇域人口为1万~2万人，21%的小城镇镇域人口为2万~3万人，16%的小城镇镇域人口为3万~4万人，11%的小城镇镇域人口为4万~5万人，7%的小城镇镇域人口为5万~8万人，14%的小城镇镇域人口为6万人以上。由此可见镇域人口在1万~4万人的城镇是我国小城镇的主体（表1-1、图1-1）。

全国小城镇镇域人口统计表 表1-1

镇域人口（人）	小城镇数量（个）	占比（%）
0 ~ 10000	1839	9
10000 ~ 20000	4606	22
20000 ~ 30000	4314	21
30000 ~ 40000	3282	16
40000 ~ 50000	2292	11
50000 ~ 60000	1517	7
60000 以上	2997	14

注：本表未包含港澳台地区的数据。

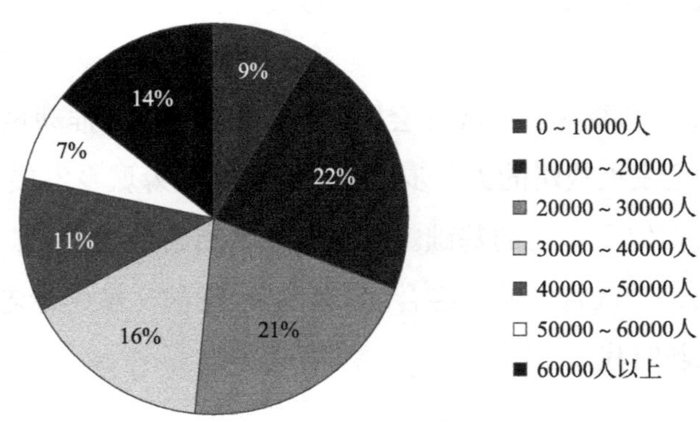

图1-1 小城镇镇域人口统计

（注：本图未包含港澳台地区的数据）

经过对各省人口数据的分析，可以发现西北地区地广人稀，小城镇的人口规模均比较小，平均镇域常住人口都在2万人，而西藏自治区平均镇域常住人口仅7486人；平均镇域人口较多的小城镇主要集中在长三角、珠三角一带，大多为较发达的工业型小城镇（表1-2），如江苏省常熟市虞山镇镇域人口572990人，广东省佛山市狮山镇镇域人口高达787036人。

各地区小城镇平均镇域人口统计表　　表 1-2

各省、市、自治区	平均镇域常住人口（人）	各省、市、自治区	平均镇域常住人口（人）
西藏自治区	7486	天津市	37420
青海省	21186	河北省	38145
新疆维吾尔自治区	21300	福建省	39032
内蒙古自治区	21304	云南省	39389
陕西省	22748	海南省	39846
甘肃省	23295	湖南省	40364
辽宁省	24080	浙江省	42937
四川省	24439	湖北省	43885
黑龙江省	25166	河南省	47750
重庆市	25459	安徽省	48115
贵州省	27213	广西壮族自治区	48441
吉林省	27654	山东省	48563
山西省	28129	广东省	58015
北京市	33194	江苏省	64366
宁夏回族自治区	34986	上海市	124100
江西省	35740		

注：本表未包含港澳台地区的数据。

2. 镇区人口分析

经统计计算，至 2016 年底，我国小城镇平均镇区人口为 13365 人。其中 47% 的建制镇镇区人口在 0.5 万人以内，22% 的小城镇镇区人口为 0.5 万 ~ 1 万人，10% 的小城镇镇区人口为 1 万 ~ 1.5 万人，5% 的小城镇镇区人口为 1.5 万 ~ 2 万人，16% 的小城镇镇区人口为 2 万人以上。由此可见我国大部分小城镇的镇区人口在 1 万人以内，近半数小城镇的镇区人口在 0.5 万人以内（表 1-3、图 1-2）。

全国小城镇镇区人口统计表　　表 1-3

镇区人口（人）	小城镇数量（个）	占比（%）
1 ~ 5000	9311	47
5001 ~ 10000	4434	22
10001 ~ 15000	1966	10
15001 ~ 20000	1069	5
20000 以上	3246	16

注：本表未包含港澳台地区的数据。

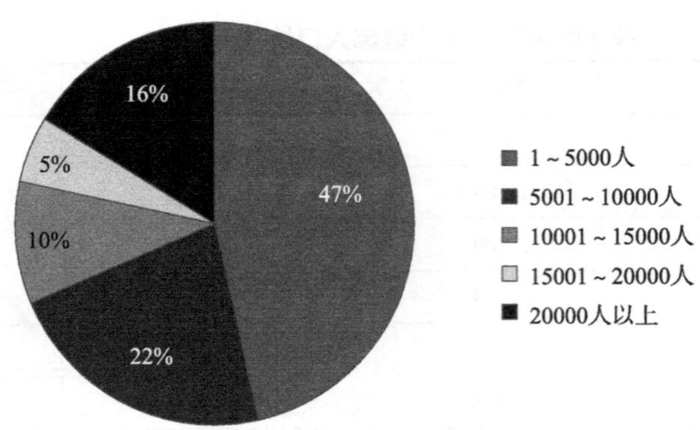

图 1-2　小城镇镇区人口统计

（注：本图未包含港澳台地区的数据）

经过对各省人口数据的分析，可以发现西北地区小城镇的镇区人口规模比较小，基本在 1 万人以下；长三角、珠三角等东南沿海一带经济发达、人口稠密，平均镇区人口均在 1.5 万人以上，部分工业重镇镇区人口达到几十万人（表 1-4）。

各地区小城镇平均镇域面积统计表　　　　表 1-4

各省、市、自治区	平均镇域常住人口（人）	各省、市、自治区	平均镇域常住人口（人）
陕西省	5158	广西壮族自治区	13460
西藏自治区	5201	江西省	13975
辽宁省	6357	河北省	14198
甘肃省	7169	海南省	14239
贵州省	7802	宁夏回族自治区	15056
吉林省	8330	山东省	15396
青海省	8738	河南省	15434
四川省	8863	天津市	15474
重庆市	9180	湖北省	15929
新疆维吾尔自治区	9673	安徽省	16254
山西省	10182	福建省	16387
北京市	10241	浙江省	18989
黑龙江省	10276	广东省	24008
内蒙古自治区	10887	江苏省	25294
云南省	12238	上海市	78578
湖南省	13076		

注：本表未包含港澳台地区的数据。

1.1.2.2　用地规模

我国小城镇的用地规模差异较大，规模较小的镇仅几十公顷，规模大的镇镇域面积高达百万公顷。经过对 20847 个建制镇的数据（数据来源:《中国县域统计年鉴 2017（乡镇卷）》）进行统计计算，至 2016 年底，全国建制镇平均镇域面积为 20143 公顷，镇域面积 1 万公顷以下的小城镇占 43%，镇域面积 1 万 ~ 2 万公顷的小城镇占 34%，镇域面积 2 万 ~ 3 万公顷的小城镇占 10%，镇域面积 3 万公顷以上的小城镇占 16%，由此可见，全国大部分小城镇的镇域面积在 2 万公顷以内（表 1-5、图 1-3）。

全国小城镇镇域面积统计表　　　　**表 1-5**

镇域面积（hm^2）	小城镇数量（个）	占比（%）
10000 以下	9399	43
10001-20000	6708	31
20001-30000	2257	10
30001-40000	937	4
40000 以上	2483	12

注：本表未包含港澳台地区的数据。

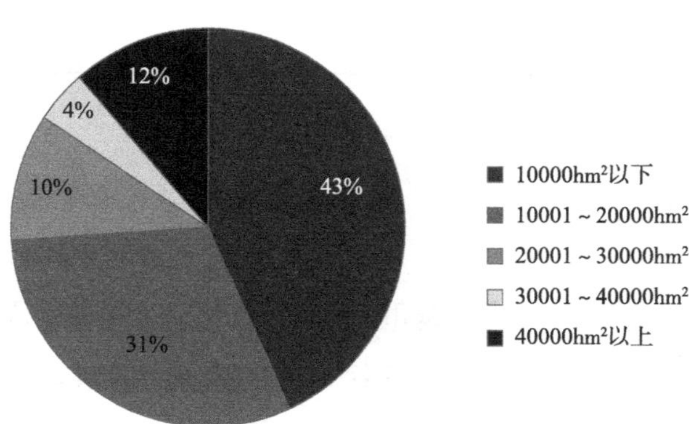

图 1-3　全国小城镇镇域面积统计

（注：本图未包含港澳台地区的数据）

而经过对各省数据的分析，可发现华东、华北地区的小城镇普遍镇域面积偏小，这与其地处两河流域平原、历史上便是人口稠密的农业重地有直接关系，上文有关人口规模的统计也侧面证实这一点；而面积较大的小城镇大部分集中在新疆维吾尔自治区、内蒙古自治区、西藏自治区、青海省等地广人稀的西北地区（表 1-6），如青海省海西蒙古族藏族自治州唐古拉镇，镇域面积达 4800000hm^2，新疆维吾尔自治区巴音郭楞蒙古自治州罗布泊镇，镇域面积达 5100000hm^2。

各地区小城镇平均镇域面积统计表　　表 1-6

各省、市、自治区	平均镇域面积（hm^2）	各省、市、自治区	平均镇域面积（hm^2）
上海市	5495	广东省	14533
天津市	6462	贵州省	14960
河南省	8767	辽宁省	15297
四川省	8908	湖北省	17836
重庆市	9126	陕西省	18481
江苏省	9133	广西壮族自治区	20818
河北省	9298	宁夏回族自治区	28423
浙江省	10089	吉林省	29582
北京市	10364	云南省	30964
山东省	10507	甘肃省	32094
安徽省	11071	黑龙江省	40695
江西省	12250	新疆维吾尔自治区	118151
福建省	12774	内蒙古自治区	159077
山西省	13303	西藏自治区	181471
湖南省	13466	青海省	218930
海南省	13607		

注：本表未包含港澳台地区的数据。

1.1.2.3　产业规模

1. 经济总量

我国小城镇经济发展水平相对城市比较低，根据 2016 年住房和城乡建设部对 121 个小城镇进行的实地详细调查，样本中一半以上小城镇 2015 年地区生产总值（GDP）在 10 亿元以下，八成以上小城镇 GDP 不超过 20 亿元，平均约占所属县域经济的 7%；人均 GDP 平均值为 4.1 万元，中位数为 2.6 万元，超七成调查小城镇的人均 GDP 水平在同期全国人均 GDP 4.9 万元水平之下（图 1-4）。

2. 产业结构

小城镇三次产业产值比为 32∶41∶27。其中，小城镇第一产业增加值占全国生产总值的比重为 32%，这一比例远高于全国（9∶43∶48）以及县城（表 1-7）。目前小城镇的三次产业结构与我国 1984 年改革开放初期的产业结构 31.5∶42.9∶25.5 相似。

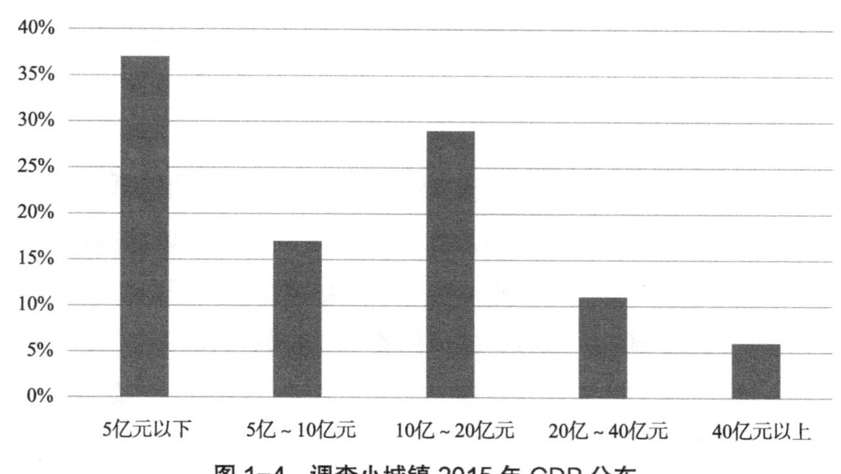

图 1-4　调查小城镇 2015 年 GDP 分布

2015 年小城镇与全国三次产业产值比　　表 1-7

	小城镇	全国	全国城区
三次产业产值比	32 : 41 : 27	9 : 43 : 48	3 : 46 : 51

从就业结构来看，小城镇就业人口在三次产业的分布比例为 47 : 30 : 23（表 1-8），农业与非农业的就业人口数量各占 1/2，与全国 1997 年的水平接近（50 : 24 : 26）。

2015 年小城镇与全国三次产业人口对比　　表 1-8

	小城镇	全国	全国城区
三次产业人口就业比	47 : 30 : 23	30 : 30 : 40	1 : 50 : 49

1.2　小城镇发展问题研究

1.2.1　小城镇发展问题

1.2.1.1　发展趋势衰落

1998 ～ 2014 年，我国 400 万人口以上的大城市新增 7 座，50 万人口以下的小城市减少将近 100 座，20 万人口以下的小城市更是剧减 133 座，大中小城市和城镇规模结构严重失衡，与符合经济社会发展规律的金字塔式分布极不匹配。与此同时，中小城市和城镇却普遍缺乏建设资金，基础设施建设严重不足，产业发展和城市人口聚集能力低下，无法产生持续发展的有效动力，与大城市经济发展差距日益增大。此外，集聚规模效应在市场的力量下，自发推动人口、产业和生产要素向大城市聚集，尤其是当政府部门有效规划和政策调控出现缺位时，中小城镇更加难以扩大和增长，大城市疯狂扩张和中小城镇逐步萎缩的两极化格局进一步加剧。

1.2.1.2　集聚能力差

我国小城镇规模普遍偏小，经济实力不强，整体素质普遍偏低。建制镇平均集聚人口只有几千人，平均每个建制镇用地规模不过两三百公顷；许多小城镇还停留在“农民街”的水平，城镇功能设施不全。集聚功能是小城镇的主要功能之一，但由于自身发展水平的限制，大多数小城镇的集聚能力都比较弱，不能发挥农村区域中心的作用和功能。这一特点集中体现在三个方面：一是在整个城镇体系中功能地位不明，小城镇不能肩负起上联大中小城市、下通腹地的重任。二是乡镇企业在小城镇的聚集能力差。这主要是因为小城镇本身缺乏经济发展的支撑力，小城镇各种基础设施不配套，且由于集资等因素，加大了乡镇企业入镇的成本；小城镇管理上的不规范性，导致政策法规的随意性大，因而乡镇企业入镇的保障机制不健全。三是小城镇缺乏吸纳农村人口的集聚力。如果没有经济功能的扩大和人口的聚集，就失去了小城镇发展的动力。

1.2.2　小城镇空间问题

1.2.2.1　城乡发展不均衡

国家统计局 2017 年 7 月发布的统计报告显示，2016 年城镇居民人均可支配收入为 33616 元，农村居民人均可支配收入为 12363 元，城乡居民人均可支配收入比为 2.72，城乡收入差距仍然明显。长期以来，我国大量农村转移人口伴随着城镇化热潮进入城镇，却受制于户籍制度等政策性因素，无法享受和城镇居民同等的医疗、教育等基本公共服务。此外，中小城镇普遍存在缺乏产业配套支持的现实困境，就业承载能力和城镇可持续发展动力严重不足，有城无产导致农村转移人口的谋生途径极为有限，生存质量远低于城镇居民，闲散人员增加，社会不稳定因素凸显。与此同时，随着大量农村人口向城镇聚集，农村空心化现象日益突出，农业劳动力严重匮乏，城镇用地低效无序，农村耕地荒芜、人去屋空的情形随处可见，已经严重影响到国家的粮食安全和生态安全。

1.2.2.2　区域发展不平衡

我国呈现出自东向西的阶梯型空间差异，东部地区城镇密度、城镇规模和质量均显著高于中部地区和西部地区。长三角城镇群、珠三角城镇群和京津唐城镇群初步体现出以核心城市为中心的集群效应，即在核心城市自身快速发展的基础上，有力带动周边小城市和城镇的持续增长。中西部地区目前普遍存在城镇分布比较稀疏、大城市优势地位明显、中小城镇增长缓慢等显性特征，区域内各层级城市和城镇之间缺乏密切联系与合作，大城市不仅未能有效发挥引领带动作用，反而侵占了城镇的发展空间和资源，抑制了中小城镇的发展。总体看来，中西部地区的城镇化进程尚未摆脱产业层次较低、持续增长动力不足、城镇吸纳能力较差的既有局面，甚至还有不少偏远城镇仍然停留在农业经济时代，地区发展不均衡的情况极为突出。

1.2.2.3 产城空间割裂

农业是小城镇发展的基础，农业产业化的发展可以促进现代农业产业和相关企业的建设。我国小城镇农业产业化程度低，这和区位、自然条件以及传统生产习惯是分不开的，农业集约化程度低，大部分农业生产停留在以家庭为单位的传统农业生产层面。这些都导致了推动小城镇化动力基础的薄弱。此外，城镇化支撑力度不够——工业化水平不高。工业化进程是快速城市化强大的支撑力。当前，小城镇作为承载企业、产业发展的最基本行政单位，缺乏对工业化的整体调控。大部分小城镇，尤其以传统农业为主的小城镇，工业基础薄弱，水平较低，新型工业化任重而道远。

1.2.3 小城镇建设问题

1.2.3.1 建设特色单一

1. 产业特色单薄

产业发展特色不突出，同质化现象严重。众多小城镇在探索发展的过程中遇到产业发展特色不突出、同质化现象严重的问题。出现这种现象的原因是：对小城镇的现有资源认识不足，特色挖掘不准确，现有可选择产业类型有限，产业链细化程度不够。小城镇建设基本属于自然发展状态，职能分工模糊，中心镇功能作用不明显，产业带动作用得不到有效发挥，缺乏经济增长点。城镇人口总体偏小，镇区人口积聚不足。研究表明，2 万 ~ 3 万人才能产生一定的聚集效应，人口超过 5 万时，经济效益的增加则更明显。小城镇人口的数量级低，就会造成小城镇发展空间和辐射区域狭小，对资源的利用能力小，对周边的资源和资金的吸引小，城镇功能的发挥就会受到极大影响。再加上近年来，大量的剩余劳动力外出务工，这更加制约着小城镇的快速健康发展。

2. 风貌特色单一

缺乏合理规划，特色不够鲜明，过分追求西方化。规划是城镇建设的第一资源，由于受资金、人才及观念等方面的限制，目前小城镇建设发展规划普遍存在起点不高、定位不准、观念不新等问题。完成的小城镇规划往往只有总规，没有控制性详规，为随意执行规划留下了很大空间。同时，在小城镇规划编制中，往往忽视对自身历史渊源、文化背景、风土人情等个性特质的把握。建设中，道路多以棋盘式为主，广场位于小城镇中心，民用建筑布局单调呆板，“千城一面”现象突出。

1.2.3.2 建设系统性缺失

1. 产业生态无闭环

小城镇，顾名思义即为较小的城镇。它介于城乡之间，是农业产业化的服务载体，处于城乡融合的交汇点，兼有城乡特点，具有承上启下的作用，将城市的思想文化、先进技术、管理经验等信息传播到广大农村。小城镇职能呈现较为综合的发展趋势，区域专业化分工程度不高，导致小城镇间产业发展的竞争多于合作，城镇间资金流、技术流、信息流、人才流等传导效应减弱，这也是各城镇发展各自为政、缺乏经济联系的重要原因。

同时，小城镇内部产业发展与布局尚未充分体现各自的优势和资源禀赋，产业垂直分工和水平分工都不明确，产业互补性很差，规模也很小，并没有形成主导与配套的垂直产业关联，这导致城镇内部职能结构协调度较差，进而影响小城镇整体发展。

2. 生产生活配套要素缺乏

我国小城镇在设施、技术、信息、人才等相关配套体系建设上还相对薄弱。技术设施滞后、废弃物处理能力低下等物质条件基础制约着小城镇科技创新水平的提升和经济的可持续发展。较低的公共服务质量同时使得小城镇难以提供具有吸引力的居住生活环境，从而导致人口难以增长甚至人才外流。因此，完善配套服务设施，逐步构建并优化相关支撑体系，才能在生产方面提升产业整体结构，在生活方面提高服务质量水平。

1.2.3.3 开发建设无序

1. 主体多头或无头

小城镇存在多头管理的现象，政策资源和资金项目分散，未能集中投向重点小城镇，未能形成加快小城镇建设的合力。在小城镇建设管理中，一方面小城镇所在政府往往集决策主体、规划主体、建设主体、投资主体、管理主体于一身，有时为实现主观愿望而破坏规划、违规建设，城镇建设管理中存在盲目性、随意性。另一方面，由于主管部门间职权交叉责任不明，加之人力、物力等原因对小城镇的建设管理有时放任自流，从而导致在小城镇投入上存在“平均主义”，重点不突出；在管理上，执法力度不够，违规建设、未批先建、私搭乱建等现象突出。

2. 建设过剩或缺位

很多小城镇的发展存在着盲目攀比、不注重实际情况的问题。小城镇的发展不根据本地的实际情况制定适合自己发展的道路，而是一味追求政绩，照搬别人的建设经验，结果不适合的发展道路不但不能促进反而阻碍了小城镇的发展。小城镇的发展政策还缺乏连续性，朝令夕改、反复建设、频繁改造，造成极大的浪费。很多地方都是边建设边规划，甚至是先建设后规划，致使小城镇建设具有很大的盲目性和不合理性。

3. 资金短缺，来源单一

资金不足是小城镇建设普遍存在的问题，也是制约小城镇建设和阻碍小城镇发展的主要因素。目前从总体上看，小城镇的投融资体制比较单一，投资的最重要来源仍然是政府。而在我国，镇政府不是一级完整的预决算财政单位，所得税收需上缴县财政，镇政府的所需费用是县财政分发的人头费和超收部分的提成，这些费用仅够镇政府的正常运转，因此，城镇建设的资金就主要依靠预算外收入来弥补。镇政府的预算外收入来源主要是土地拍卖所得和高额的城镇建设配套费。为了增加收入，加快小城镇建设，政府只能抬高土地价格和建设配套费用，这就形成了限制农民进城和投资开发商进入的“门槛”，增加了乡镇企业、农民和外部资金向小城镇集中的成本，抑制了乡镇企业和农民进城的积极性，减弱了招商引资的优势。

1.3　小城镇发展模式研究

1.3.1　小城镇发展动力分析

城镇化的本质是空间结构、经济结构、社会结构和文化结构进行良性而有序的变迁，其过程包括人口职业的转变、产业结构的转变、土地及地域空间的变化。从世界各国的发展趋势可以看出：未来城市化的载体是大城市群，在大城市群中大中小城市和小城镇各自承担不同的职能，提供不同等级的社会服务，共同协调发展。

小城镇在中国的城镇化进程中起到了非常重要的作用，它是所在城市群的重要组成部分，是中国吸收农村剩余劳动力的重要途径。对一个小城镇而言，其居民和各行各业的从业人员始终是其成长的动力来源，只有具备一定的人口规模，才可能使之获得足够的动力持续发展。小城镇的发展，是人口不断由农村向城镇聚集的动态过程。促成人口聚集的主要因素分为外力和内力。

1.3.1.1　外力

1. 农业是小城镇发展的原初动力

当农业生产力发展到一定程度时，在农业分工逐步完善及农村经济日渐发达的地区，小城镇首先开始形成、发展和兴盛起来。农业为小城镇发展提供资金和劳动力要素的支持。一方面，农业劳动生产率大幅度提高，农业剩余积累为小城镇和非农产业发展提供资金，同时释放出大量农业剩余劳动力和剩余劳动时间，来满足小城镇工业与第三产业发展对劳动力的需求。此外，农业还为小城镇提供商品粮、蔬菜、肉类、副食品及其他生活资料的供给。另一方面，广袤的农村地区具有较大的市场容量，为小城镇和城市工业产品提供广阔的市场。小城镇能够就地就近为农村提供生活消费资料，广大农民是城镇工业产品的基本消费者；城市工业为农业提供各种生产资料，如各类农业机械、运输工具、化肥、农药、建筑材料等。小城镇的发展，势必导致大量农业人口向非农业人口转化，并向小城镇聚集。所以，农业是小城镇发展的原始动力或基础动力。

2. 工业是小城镇发展的根本动力

工业是小城镇发展的根本动力。小城镇是作为县域经济甚至更小范围区域经济集聚的空间载体。在中国城乡二元经济结构条件下，农村和农业的出路在于分流部分农业劳动力，以提高农业产业效益。然而，农业人口向城市转移受到诸多障碍的制约，于是，农民“进厂不进城，离土不离乡”，积极发展乡村工业或乡镇企业，形成了具有中国特色的农村工业化模式。小城镇乡镇企业与农业相比较，生产不受或少受自然条件的影响，整体效益优于农业，对劳动力的吸收也有明显的优势，工业发展带来非农产业就业人数的增加，为小城镇人口聚集创造条件。乡村工业或乡镇企业大多是劳动密集型企业，这种类型的企业为农村大量剩余劳动力提供了前所未有的就业空间，在促进人口集中方面有着特殊的效果，同时乡村工业也加速了资源、资本、技术、管理、人才、信息等要素向局部区域转移，因此，乡村工业或乡镇企业的飞速发展大大地促进了小城镇的建设和发展，成为小城镇发展的根本动力。

3. 大中市的辐射力是小城镇发展的外援动力

随着经济的不断发展，中心城区的土地资源稀缺，必然带来土地价格和其他成本的不断上涨。中心城区生活成本高与中心城郊区城镇生活成本相对较低形成的成本势差，成为企业和居民向城镇转移的趋力。作为企业，工人工资的不断上涨、土地价格的不断上涨，必然带来生产成本的上升和利润空间的下降。在不做任何调整的条件下，经营结果自然是获益趋向越来越少；对于居民而言，相当一部分城市居民工资增长的幅度不及房屋价格上涨幅度，要改善生活条件，最佳选择即是距离中心城区虽有一定距离，但生活成本相对较低的郊区城镇；对于外来人口而言，其打工收入难以维持中心城区的生活成本，因此，选择生活成本较低的城市郊区。在外来人口中还有相当一部分属于每年引进的高层次人力资本，这其中也有相当一部分成为郊区城镇的稳定居民。

1.3.1.2　内力

随着时代的发展，乡村居民的消费和生活方式正在慢慢转变，并慢慢地与城市生活的特征融合。在发展的大潮中，城市先富起来，同时城市居民更高的生活方式对农村居民产生了深刻的影响，使得在原始状态下没有接触过新鲜事物的农村居民产生震撼并迅速接纳新的城市生活方式，同时这种影响之深使得农村居民的生活方式不可能再回到原始状态，伴随着这种转变，农村居民在城镇化的进程中会更加表现出对城市的向往。这种推动也成为小城镇乡村居民就地城镇化的动力之一。这种内心的变化也是农村居民城市认知感的开始，反映出他们在心理上已经开始城市现代化。

1.3.2　小城镇发展趋势判断

1.3.2.1　新型城镇化与乡村振兴的互动关系

1. 新型城镇化的内涵

对《国家新型城镇化规划（2014 ~ 2020 年）》的解读可知，新型城镇化是以城乡统筹、城乡一体、节约集约、产城融合、生态宜居、和谐发展为基本特征的城镇化，是大中小城市、小城镇、新型农村社区协调统筹发展、互促共进的城镇化。新型城镇化的“新”主要体现在以下几个方面：

第一，新兴产业。产业发展是城镇化建设的基础，也是城市人口集聚的前提，但新型城镇化的产业选择要因地制宜，结合地域的资源禀赋，发展新兴战略产业，把低污染、高就业、高附加值、本地资源化、产业集群化作为产业选择的五个标准，通过产业升级与产城一体化推进新型城镇化的发展。

第二，质量优先。依托城镇的资源和环境承载能力聚集产业和人口，缓解部分大城市由于人口膨胀和产业粗放带来的资源短缺与环境污染压力，保障城镇化的质量、效益和福利，实现城镇化的可持续推进。

第三，以人为本。以人为本，公平共享，合理引导人口流动，有序推进农业转移人口市民化，稳步推进城镇基本公共服务常住人口全覆盖，不断提高人口素质，促进人的全面发展和社会公平正义，使全体居民共享现代化建设成果。

第四，城乡统筹。城镇化不是去乡村化，而是城乡共融发展。乡村是城市发展的根基，乡村文化是中国传统文化的灵魂，既要注重乡村经济的振兴，更要关注乡村文化的复苏、保护与传承。特别是对于一些古镇，在保护的同时，设法增加村民的收入，促进村民的共同富裕，这为旅游小城镇发展提供了指导性的意见。

因而，新型城镇化的目标不仅仅是城市人口所占比重的迅速增加，而且更着重于农村人口素质的现代化和城镇化，从而消除城乡对立，实现城乡经济、社会、文化、生态的协调发展，最终实现城乡统筹发展。这需要在未来中国城市化进程中，不断寻找与新型城镇化发展理念相匹配的新型城镇化路径，以更好地促进城乡协调、共荣发展。

2. 乡村振兴的内涵

乡村振兴不是一场单纯的经济活动或者建设活动，它的核心是要解决三农问题，是一场“脱贫”攻坚战。我们不要在农村搞爆炸式增长，不要企图在农村搞“产业地产”，变相侵占农村的土地；我们更不要借着改善农村人居环境的名义，大搞形象工程建设，试图将乡村建成城市标准。打造美丽乡村，是为了让留下的人能够在农村待得住、过得好，生态更加文明，乡风更加和谐。乡村美丽了，向往土地、向往自然的城市居民才会来到农村，为农村带来新的理念、新的知识、新的技术，激发乡村的活力，为乡村的可持续发展注入全新的生命力。

从农村到乡村，名称的差异反映了党和国家对农村本质的科学认识，也说明了对农村发展趋势有了更加准确的判断。乡村是一个携带着中华民族五千年文明基因，集生活与生产、社会与文化、历史与政治多元要素为一体的人类文明体。从城乡统筹到城乡融合，从新农村到美丽乡村，乡村需要“全面”振兴。任何单一的工程建设项目都是无效的，任何没有农民参与的项目都是无效的，任何不能使生活宜居的项目都是无效的。

3. 新型城镇化与乡村振兴的互动关系

党的十九大报告在强调实施乡村振兴战略的同时，也强调了区域协调发展战略，提出以城市群为主体，构建大中小城市和小城镇协调发展的城镇发展格局。在强调坚持新发展理念时，明确提出要推动新型工业化、信息化、城镇化、农业现代化同步发展。由此可见，乡村振兴战略与新型城镇化发展战略的目标是一致的，只是发展主体和关注区域有区别而已。

从目的来看，新型城镇化的目的之一是解决“空间城市化并没有相应产生人口城市化”的问题，特别是亿万农民工的“被城镇化”和“伪城镇化”的问题。推进城镇化，核心是人的城镇化，关键是提高城镇化质量，目的是造福百姓和富裕农民，要实现产业发展和城镇建设融合，让农民工逐步融入城镇，享受到高质量的公共服务，从实质上成为“城里人”而非单纯的户口城镇化。乡村振兴战略的目标任务包括农村基础设施建设深入推进，农村人居环境明显改善，美丽宜居乡村建设扎实推进，城乡基本公共服务均等化水平进一步提高，城乡融合发展体制机制初步建立，解决农村和城市发展不均衡的问题。

从原则来看，新型城镇化讲求城乡互补、协调发展。城乡一体化发展不是“一样化”发展，不能把农村都变为城市，而是要走城乡协调发展的道路。乡村振兴战略中更明确指出，坚持城乡融合发展，坚决破除体制机制弊端，推动城乡要素自由流动、平等交换，推动新型工业化、信息化、城镇化、农业现代化同步发展，加快形成工农互促、城乡互补、全面融合、共同繁荣的新型工农城乡关系。

从核心价值看，新型城镇化的核心价值是以人为本。城镇化需要建设新城，但绝不能用建新城来取代城镇化。如果兴建起一座又一座的城市、城镇，可农民却仍然难以在其中找到安身立命之所，被边缘、被排挤，那么这样的城镇化极有可能导致社会阶层进一步分化。所以，新型城镇化追求的是以人为核心和人的自由全面发展的城市化。乡村振兴战略要承认农民主体地位，充分尊重农民意愿，切实发挥农民在乡村振兴中的主体作用，把维护农民群众根本利益、促进农民共同富裕作为出发点和落脚点，不断提升农民的获得感、幸福感、安全感。这也是强调以人（农民）为本。

1.3.2.2　城乡双驱动的新型城镇化

未来的城镇化是“城乡双向流动、双向驱动的新型城镇化模式”，新型城镇化要向高质量发展转变，必须与乡村振兴同步推进，即城乡双驱动的新型城镇化。

乡村振兴有助于促进进城务工人口的回流。农业人口进城的最初动因源于经济压力，一旦实现农业农村现代化，农业经济呈现出活力，农村与城市呈现均衡发展，农村社会的乡土引力就会发挥作用，从而吸引进城务工人员回乡创业或择业。其次，乡村振兴有助于推动资本下乡。资本下乡就是把城镇工商业所积累的庞大的科技、人力、物力、财力等资源吸引到农村去，以解决农村面临的困境。随着资本下乡的到来，一同注入乡村的还有各种各样的发展要素，最直观的便是经过严密论证的产业项目以及带着各种理念和专业技能的人才。这就意味着会有大量不同于传统乡村产业的工作岗位的提供、不同的人口结构以及各种思想的碰撞，进而对乡村人的认知边界、思维模式产生影响，并对乡村生活结构进行重塑。原本封闭的乡村社会有望借此与外部工商业世界握手，并与整个城市文明建立更加便捷的联系。乡村振兴可以为资本的运行创造一个良好的环境，创造出乡村更大的吸引力，从而吸引“资本下乡”。

1.3.2.3 城乡等值融合的新型城镇化

只有城市与乡村等值发展、功能互补、良性互动，才能带来城乡全面融合。城乡等值融合，是城乡统筹、一体化发展大背景下的城乡居民的收入等值、公共服务等值、社会保障等值和生活便利程度等值；是相对发达的城市和相对落后的农村，打破相互分割的壁垒，逐步实现生产要素的合理流动和优化组合，促使生产力在城市和乡村之间合理分布，城乡经济和社会生活紧密结合与协调发展，逐步缩小直至消灭城乡之间的基本差别，实现居民收入均衡化、公共服务均等化、要素配置合理化、居民基本权益平等化，从而使城市和乡村融为一体。

我国城乡发展不平衡，直接表现为城乡居民收入差距拉大，但其背后是城乡产业、基础设施、公共服务和资源要素空间配置不合理的问题，乡村居民不能平等分享城镇化成果。新型城镇化就本质而言，是城乡边界日益融合直至彻底消失的过程，是真正公平公正的城乡融合发展，是城乡公共服务水平日益趋同的一个动态过程，是关乎人的吃穿住行、教育、医疗卫生、文化娱乐、幸福的问题。

以人的城镇化为核心、提高城镇化质量为导向的新型城镇化，有助于构筑城乡等值融合的空间形态和发展格局、发挥城市引擎带动作用与激活乡村内在发展动力、促进城乡要素资源的双向流动与合理配置、增进城乡居民公平共享发展。

1.3.3 特色小城镇的类型及发展模式分析

我国地域辽阔，各地经济、文化、地理、民族习性及自然条件不同，各地小城镇的类型也具有多样性。了解小城镇的类型，有助于明确小城镇的地位，能更好地制定小城镇的发展战略，选择正确的发展模式。依据不同研究目的，可选取不同的标准对小城镇进行类型划分，如按照规模、区位、功能或职能来进行分类。本研究主要探讨小城镇的发展特征，故以区域产业分工为原则，将特色小城镇分成农业服务型、商贸流通型、旅游服务型三种类型。

1.3.3.1 农业服务型

农业服务型小城镇普遍位于近郊平原区，产业结构以第一产业为基础，多数是我国商品粮、经济作物、禽畜等生产基地。主要发展方向为实现农业产业化、规模化和生态化。通过建立农产品基地为周边城乡居民供应高质量、无污染的蔬菜、瓜果等，保障当地农业生产高效、高产、高质，以增强农产品市场竞争力，促进农业增效和农民增收。同时，依托于农业特点，在生态环境营造上，可以采取将绿化和农田有机结合的方式，促进生态农业小城镇的发展。

此外，该类型小城镇一般有为其服务的产前、产中、产后的社会服务体系，如饲料加工、冷藏、运输、科技咨询、金融信贷等机构为周围的农业发展提供服务，并以周围农村生产的原料为基础，发展乡镇的工业和手工业。主要是农产品的流通加工配送，一般是流向农贸市场或一些连锁超市，流通过程中对于农产品的保鲜有较高的要求；此外也包括农产品生产资料如农机具、种子和化肥等的采购分销。

1.3.3.2　商贸流通型

商贸流通型小城镇一般具有区位优势和便利的交通条件，对某种商品的集散和流通有着悠久的历史；新发展的专业市场型城镇，利用本地商品流通活跃、市场发育度高的特点，对某种商品的集散形成规模化、专业化优势，并强调其在区域中所发挥的贸易功能，不仅带动该镇商业、服务业的发展，而且带动着工业和交通运输业的发展，在较大范围的市场领域中显示出举足轻重的地位。

以商品流通为主的商贸流通型小城镇，具有小商品和农副产品集散传统，依靠培育和发展商贸业，依托现有产业优势建立一定规模的综合市场及各类专业批发市场，在拓展专业市场和建设要素市场的同时，充分发挥商品交换功能、生产要素聚合功能、信息传导功能以及经济辐射功能，在区域内形成较大商流和物流，商贸流通型小城镇对于区域经济发展的作用主要体现在以下几个方面：①有利于形成区域经济发展的增长极；②有利于促进周边农村农副产品的流通；③有利于推动乡镇企业的发展和壮大；④有利于加速城乡融合及城乡一体化。

1.3.3.3　旅游服务型

随着旅游的发展，一些资源禀赋较好的小城镇转变其功能，逐渐发展成为旅游服务型小城镇。旅游小城镇是指拥有较丰富的旅游资源，或依托某一旅游景区，能为游客提供观光、休闲或者商务服务，存在一定旅游经济活动的特色小城镇。旅游小城镇依其功能可以分为资源型旅游小城镇与服务型旅游小城镇。前者主要以小城镇本身独特的旅游资源为吸引物，具有相对独立且完整的文化传承，比如丽江古城、乌镇、周庄等旅游小镇；后者主要是指因快速发展的旅游产业要素的空间集聚而凸显旅游服务功能的小城镇，能为相对分散的旅游景区或乡村旅游提供集中的后勤支持与保障，如旅游信息中心、购物中心、银行、邮电局、急救中心以及汽车修理厂等功能服务，进而起到旅游区域中心地的作用，如九寨沟的漳扎镇、沂蒙山景区的云蒙小镇等。

旅游型小城镇作为小城镇的一种类型，是旅游城镇化发展的结果。旅游小城镇不同于传统小城镇的发展模式，它是通过旅游的发展对空间各种要素进行集聚与组织，形成新的产业业态，催生新的城镇空间与功能。

旅游型小城镇宜采用生态旅游模式，即在保护当地环境的前提下，促进当地生态环境实现可持续发展。生态旅游模式主要是依托于丰富的旅游资源，在发展旅游产业的同时做好城镇生态保护工作。生态旅游的实行，不仅能够带动当地各类服务业的繁荣，还能够有效改善就业压力，拉动周边地区人口的聚集，从而共同实现可持续发展。

1.4 农业型特色小城镇的发展策略研究

1.4.1 农业型特色小城镇的内涵

农业型特色小城镇可以看做是一种新型的农业产业化综合体，它以完整的农业产业链为核心，以完善的产业配套为支撑，以完备的生活配套为保障，在小城镇全域空间实现产业自我聚集和发展，是一种新型园区式空间模式。

1.4.2 农业型特色小城镇的发展策略

1.4.2.1 产业发展策略

1. 以环境资源为导向明确主导产业

农业型特色小城镇往往具备资源环境好、地域性特色明显等特征。因此，应该结合其环境资源特色，优选具有竞争力的农业特色产业，作为城镇未来产业经济发展中的主导产业。

2. 以地域特色为基础优化产业结构

在产业结构的优化中，农业型特色小城镇应积极引导与特色农业相关的无污染环保产业，打造特色农业产品及其衍生产品的服务基地，同时积极发展自然景观与农业景观深度融合、地域性特色突出的乡村旅游产业，将生态环境保护的“负担”转变成健康发展的资源，实现自然空间环境塑造和经济产业共同发展。

3. 围绕特色农业形成产业集群

产业集群的发展能够产生巨大的经济效益。农业型特色小城镇应紧紧围绕特色农业积极发展其他相关产业，构建特色产业集群，共享基础设施、技术信息、服务网络，激发更大的活力和效益。

1.4.2.2　空间发展策略

1. 全域统筹，生态优先，“三生”互动

农业型特色小城镇应对全域空间进行梳理，对广大农村和自然生态区域综合考虑，在延续山水特色、保护基本农田等基本前提下综合开发利用。保护生态环境，突出生态价值，建立区域统筹、城乡统筹、人与自然和谐发展的路径。特别是注重生产、生活、生态空间三者之间的融合，在延续山水特色的同时，打造更高效的生产空间和更舒适的生活环境。

2. 城乡融合，组团相间，有机生长

农业型特色小城镇应采用能够体现生态田园城镇的发展理念，串联、梳理各类鱼塘、沟渠等特色元素，形成多元的滨水空间，营造“城在田中、田在城中、有机相间”的组团布局模式，形成疏密相间的空间布局形态。

3. 产城互动，完善配套，提升品质

在集中建设区中，充分考虑产业发展和城镇空间环境的互动关系，产业发展集聚成片，同时完善各项公共服务设施与基础设施配套，美化镇区环境，提升小城镇的吸引力。例如，在城镇内部建立田园休闲步道系统，塑造生态休闲空间；完善给水排水、环境卫生等基础设施，完善人居环境；建设与生活片区紧密互动的产业园区，打造服务镇区居民的就业平台。

第 2 章　新型农业产业化发展路径与模式研究

2.1　农业产业化的内涵

2.1.1　农业产业化的概念

农业产业化（agriculture industrialization）是以市场为导向，以经济效益为中心，以主导产业、产品为重点，优化组合各种生产要素，实行区域化布局、专业化生产、规模化建设、系列化加工、社会化服务、企业化管理，形成种养加工、产供销、贸工农、农工商、农科教一体化经营体系，使农业走上自我发展、自我积累、自我约束、自我调节的良性发展轨道的现代化经营方式和产业组织形式。它的实质是指对传统农业进行技术改造，推动农业科技进步的过程。这种经营模式从整体上推进传统农业向现代农业的转变，是加速农业现代化的有效途径。

国内最早对农业产业化的内涵作出解释是在 1993 年，《人民日报》发表社论，分析和阐述了“农业产业化”相关的各个问题。提出农业产业化的内涵是以国内外市场为导向，以提高经济效益为中心，对当地农业的支柱产业和主导产品，实行区域化布局、专业化生产、一体化经营、社会化服务、企业化管理，把产供销、贸工农、经科教紧密结合起来，形成“一条龙”的经营体制。农业产业化要解决的核心问题是，在包产到户多年不变、市场经济越来越发展的趋势不变的前提下，如何把千家万户的农民与千变万化的市场紧密地联系起来。

2.1.2　农业产业化的实质

农业产业化也称“农业一体化”“产加销一体化”“农工综合体”以及“贸工农一体化”“产供销一条龙”等等，目前学术界对其并没有比较规范的一致认识。但主要有如下几种表述：

农业产业化就是以市场为导向，以加工企业为依托，以广大农户为基础，以科技为手段，通过将农业再生产过程的产前、产中、产后诸环节联结为一个完整的产业系统，实现种养加、产供销一体化经营，是引导分散的农户小生产转变为社会化大生产的组织形式，是系统内的“非市场安排”与系统外的市场机制相结合的资源配置方式，是商品性农业自我积累、自我调节、自我发展的基本经营方式和建立在各方参与主体共同利益基础上的运转机制。

农业产业化是指“根据资源条件和国内外市场的需要，择优确定农业的主导产业，实现生产专业化、规模化、经营一体化，形成具有较强市场竞争力的龙头企业带基地，形成基地连农户的种养加、产供销、贸工农一条龙的生产经营体系。”

农业产业化实际就是农业关联产业群，“农业与相关的产业部门通过经济上、组织上的结合和稳定的业务联系，形成一体化经营形式和经营系统。这种农、工、商各行业，或供、产、运、销售各环节联成一气的大农业就是一体化农业。”

农业产业化“是在市场经济条件下，通过将农业生产的产前、产中、产后诸环节联结整合为一个完整的产业系统，实现种养加、产供销、贸工农一体化经营，提高农业的增值能力和比较效益，形成自我积累、自我发展、良性循环的发展机制。”

农业产业化就是“围绕一个或多个相关的农副产品项目，组织众多主体参与，进行生产、加工、销售一体化的活动，并在发展过程中逐渐形成一个新的产业体系的过程。”

农业产业化“是以国内外市场为导向，以经济效益为中心，围绕区域性支柱产业或产品，优化组织各种生产要素，实行区域化布局，一体化经营，社会化服务，企业化管理，通过市场牵龙头、龙头带基地、基地连农户的形式，逐步形成种养加、产供销、农工商、内外贸、农科教一体化生产经营体系，使农业走上自我发展、自我积累、自我约束、自我调节的良性发展轨道的一种生产经营方式。”

以上六种对农业产业化内涵的表述虽然在形式上有所不同，但是其理论基础基本上是相同的。农业产业化的理论基本是建立在社会分工理论、合作制理论、交易费用理论、比较利益理论和平均利润理论的基础上的。农业产业化的内涵可以概括为：农业产业化就是以市场为导向，以科技为手段，依靠企业带动，通过中介组织的纽带作用，把分散的农户经营组织起来，使农业的产前、产中、产后诸环节形成一个完整的产业链条，以更有效地参与市场竞争，获得更多产业利润，提高农业行业的整体效益。农业产业化的本质是使农业生产与加工、流通环节共担市场风险，共享产业利润。农业产业化的关键是建立一个良好的利益协调机制，使得农产品产前、产中、产后各环节获得合理利润，保证农产品从生产、加工到流通的顺利进行。

针对农业产业化的内涵，可以从以下两个方面去理解：从农业产业化的微观主体来看，农业产业化是指农产品生产、加工、流通各个环节的微观主体——农户和企业在经济上和组织上结为一体，利益共享的一种经营方式。从农业相关部门之间的关系来看，农业产业化经营是将农业的产前部门，包括农用生产资料生产与供应部门、为农业生产提供技术和劳动服务的部门和产后部门（包括农产品加工、贮藏、运输、销售部门）与农业生产部门相结合的一种相对独立的综合经济体系。

2.1.3 农业产业化的特征

农产品产量与农村劳动力“两个充裕”并存；农业生产劳动率和农产品转化加工率“两个过低”并存。农业产业化恰能解决效率问题，是市场化在传统产业上作用的催化剂，是城乡发展的内核动力，是城乡空间演化的功能性路径。在实践中，农业产业化主要表现为生产专业化、布局区域化、经营一体化、服务社会化、管理企业化等五个基本特征。

（1）生产专业化。生产专业化是社会劳动分工的必然结果，也是农业产业化经营的主要特征。生产专业化是指农业和相关各部门根据自身优势，分别承担产业链中的种养、加工、销售、服务中的某个环节，提高各个环节的专业化水平和生产效率，进而提高整个产业链条的经济效益。

（2）布局区域化。农业生产部门与工业生产部门最大的不同就是受自然条件的制约非常大，地域性很强。农业产业化要求农业生产及相关部门按照市场的要求进行资源优化配置，这就要求，按照区域比较优势的原则，划分生产优势区域，按照区域进行资源要素的优化配置，安排商品生产基地布局，这样才能充分发挥各地区之间的优势，促进农业产业链条的形成。

（3）经营一体化。农业生产各个环节联结成“龙”形产业链，实行“农工商一体化、产供销一条龙”综合经营，使外部经济内部化，从而降低交易成本，提高农业比较效益。农业部门的整体效益提高之后，作为参与农业产业化经营的小农户也会获得相应的交易利益。

（4）服务社会化。农业产业化经营可以使得企业充分发挥其在资金、技术、管理和市场信息等方面的优势，也可以充分调动有关农技推广部门和科研机构的力量，为农民提供市场信息以及农业产前产中产后的技术、经营、管理等全方位的技术服务。

（5）管理企业化。在农业产业化过程中，企业作为农业产业化的推动者，通过与农民签订收购协议、指导农民按照标准进行生产等方式，按照现代企业管理方式将农民组织起来，参与社会化大生产。这使得农业产业化的各个环节都能够按照现代企业制度进行独立核算、自负盈亏、科学管理。

2.1.4　农业产业化的作用

农业产业化经营，是实现农民增收的主要渠道。改革开放的二十多年以来，是农民收入增长较快的时期，但近几年农民收入增长缓慢，城乡收入差距进一步拉大。农民增收缓慢的内在原因是：农产品产量与农村劳动力“两个充裕”并存；农业生产劳动率和农产品转化加工率“两个过低”并存。发展农业产业化经营，可以促进农业和农村经济结构战略性调整向广度和深度进军，有效拉长农业产业链条，增加农业附加值，使农业的整体效益得到显著提高，可以促进小城镇的发展，创造更多的就业岗位，转移农村剩余劳力，增加农民的非农业收入；可以通过农业产业化经营组织与农民建立利益联结机制，使参与产业化经营的农民不但从种、养业中获利，还可分享加工、销售环节的利润，增加收入。

（1）农业产业化经营是农业经营体制的重大创新，是具有中国特色和时代特征的农业经营形式，是农村社会主义集体经济改革探索的新飞跃。

（2）农业产业化经营是农业结构战略性调整的重要带动力量，全面推进新阶段我国农业的技术创新、组织创新和制度创新。

（3）农业产业化经营是提高我国农业竞争力的有力措施，造就了一批有竞争力的市场主体在国内外市场中参与竞争，既提高了农业的总体效益，也提高了农业企业的经济效益，增加了农民的收入。

（4）农业产业化经营是在家庭承包经营基础上实现农业现代化的有效途径，开辟了在小规模家庭经营基础上，有效吸纳先进生产要素，提高农业整体规模效益的新途径。

2.1.5　农业产业化的组织模式

2.1.5.1　“龙头企业＋农户”

这是最初形成的农业产业化组织模式，也被称为“订单农业”，即加工、销售行业的龙头企业与农户签订农产品远期收购契约，主要规定农产品交易价格、数量、质量、时间等内容，有的龙头企业还提供部分生产投入品和产中技术指导。此种组织模式下，可将龙头企业与农户看成具有松散契约关系的组织，双方间主要存在商品契约，主要依靠市场机制调节资源配置，内部交易成本（组织成员间的管理协调成本）低，市场交易成本高；双方具有很强的独立性和很高的自由度，分工、合作程度与组织稳定性通常很低，并且农户经营规模较小，所以规模经济程度也很低。

2.1.5.2 “龙头企业＋合作社＋农户”

此种组织模式是“龙头企业＋农户”的改进，即在龙头企业与农户间加入一个主要充当协调者和连接纽带的合作社，合作社在联系农户方面具有天然优势，能够大幅减少龙头企业的交易对象，提高信息对称程度，强化监督，提高交易效率，降低交易成本，并且产前物资供应、产中技术指导与产后收购从龙头企业业务中分离出来，由合作社专门负责，所以此种组织模式深化了分工协作，也使契约关系更加紧密，组织模式更加稳定。

2.1.5.3 “龙头企业＋家庭农场”

这是“龙头企业＋农户”的升级，家庭农场经营规模较大，生产技术设备更先进、更高效，并且家庭农场主往往科学文化素质较高，有助于推广先进农业技术，实施规范化、标准化、规模化生产，所以此种组织模式下规模经济实现程度较高，龙头企业的交易对象明显减少，交易成本较低。在此组织模式下，龙头企业与家庭农场间的契约关系较为紧密，组织模式的稳定性较高，双方间的契约可看作服务外包契约，即龙头企业将种苗、药品、肥料（饲料）等生产投入品送交家庭农场，家庭农场利用自身的设备、土地、劳动等生产资料，按照龙头企业的操作规范将种苗“加工”成合格的成品，然后返还给龙头企业并收取劳务费。龙头企业将自己没有优势的种养业务外包给了家庭农场，能够更加专注于加工、销售业务，所以此种模式提高了分工协作程度。

2.1.5.4 “龙头企业＋基地＋农户”

这种模式也是“龙头企业＋农户”组织模式的升级，即龙头企业通过租赁农户土地，获得一定年限、某一范围内集中连片土地的经营权，然后对承租的土地进行统一规划整治，投资进行农田改良与基础设施建设，并分块承包给善于经营的农户。对于养殖业，龙头企业租赁土地，投资建设养殖小区并出租给农户，或农户投资建设养殖小区，龙头企业提供贷款担保。基地农户按照龙头企业的操作要求进行生产管理，并需将全部合格农产品出售给龙头企业，龙头企业扣除租金与其他费用后将货款发放给农户。基地的建立有助于实现统一的物资供应、技术指导、生产性服务、收购等活动，从而提高规模经济效益；既避免了“龙头企业＋农户”的高昂市场交易成本，又避免了龙头企业直接雇佣农民生产导致的高昂内部交易成本，因而可有效降低交易成本。此种模式有效保障了稳定、高质量的原材料来源，龙头企业可以更加专注于加工销售环节，农户无须进行市场调研、做生产决策，也无须担心农产品销路，可以更加专注于精细种养环节，所以明显提高了分工协作程度。

2.1.5.5　“龙头企业＋农场”

“龙头企业＋农场”包含了三种类型的具体组织模式，一是“龙头企业＋租赁雇佣型农场”，即龙头企业为加强对上游生产环节的控制，确保农业生产管理过程的标准、规范，租赁农户土地并雇佣农民进行生产经营，农户获得土地租金收入与劳动报酬收入，但由于监督管理成本偏高，此种模式主要存在于产品附加值较高的行业。二是“股份合作制企业＋农场”，即农户以农地、农机等生产资料入股，与龙头企业共同组建股份合作制企业，可有效解决龙头企业建筑设施用地与农业生产用地短缺问题。在利益分配方面，既按股分红，又按劳分配，使得合作农户与龙头企业结成利益共同体，具有较好的激励效果，有效减少了合作农民从事农业生产时的道德风险问题，降低了内部交易成本。同时，农业产业链的生产环节与加工销售环节也实现了更加紧密的衔接，分工协作程度进一步提高。三是“合办型企业＋农场”，即多个农户以资金、土地、农机等入股，共同建立合作社，合作社再创办加工销售企业，并对农户土地进行统一规划和耕种，形成农场，实现了以农户为主体的纵向一体化经营。在此种组织模式下，企业与合作社的利益相一致，农户既是社员，又是股东，合作农户的利益目标趋同，内部交易成本也能控制在较低水平。农户不仅能够获得生产环节的收益，还可以分享加工、流通环节的增值收益，所以能够获得最高程度的经济福利，受到很强的产权激励，从而产生很高的经济效率。

2.1.5.6　农业产业化联合体

农业产业化联合体是指依托农业产业链，农业企业（企业集团）、家庭农场（大户）、专业合作社（合作社联合社）按照优势互补、合作共赢等原则，组建的集产加销于一体，规模适度、分工合理、利益联结紧密的农业产业化经营组织联盟。农业产业化联合体在组织架构上以农业企业为引领、家庭农场为基础、专业合作社为纽带，即主要采取“龙头企业＋合作社＋家庭农场”的组织模式。具体而言，各成员协商制定出联合体共同章程，明确各方责任，同时，成员间签订契约，确立生产资料供应、技术指导、生产性服务、农产品收购等方面的合作关系，建立合作互助、利益分配机制并确定违约责任。在联合体中，龙头企业首先进行市场调研，对市场信息进行分析判断，转化为生产决策，沿着农业产业链传导至生产端，并根据所塑造的农产品品牌，制定生产全程标准，并开展投入品源头管控，提供技术培训与指导；家庭农场负责土地流转，进行适度规模经营，按照龙头企业的生产标准要求，采用指定的投入品，开展规范化、精细化生产管理，并做详细的生产记录；合作社提供全程、专业的生产性服务。因此，农业产业化联合体成员之间分工协作、互利互助，充分发挥了各自的比较优势，也实现了适度规模经营，促使农业产业链的综合效益最大化（表 2-1）。

农业产业化联合体分析 表 2-1

比较项目 / 模式	契约类型	治理结构	市场交易成本	内部交易成本	稳定性	规模经济程度	分工协作程度
企业 + 农户	商品契约	三方治理	很大	小	很弱	低	低
企业 + 合作社 + 农户	超市场契约	双方治理	较大	中	较弱	低	中
企业 + 家庭农场	超市场契约	双方治理	较小	较大	较强	较高	中
企业 + 基地 + 农户	超市场契约	双方治理	较小	较大	较强	中	较高
企业 + 租赁雇佣型农场	要素契约	统一治理	很小	大	很强	很高	高
股份合作制企业 + 农场	要素契约	统一治理	很小	较小	很强	很高	高
合办型企业 + 农场	要素契约	统一治理	很小	较小	很强	很高	高
农业产业化联合体	超市场契约	双方治理	小	较小	强	高	很高

2.2 国内外农业产业化对比分析

2.2.1 国际农业产业化发展经验

农业现代化是一个不断扩展的概念。20 世纪 50 ~ 60 年代，农业现代化一般被概括为农业实现了机械化、电气化、水利化和化学化。目前，又从动态性、区域性、世界性和时代性、整体性等方面概述农业现代化内涵及特点。尽管各国国情不同，农业产业化发展各具特色，但世界农业现代化的发展依然有其自身的规律性，即政府的调控和促进作用、完善的农业制度、先进的科学技术和区域专业化生产，这是世界农业现代化的四大驱动力。农业现代化的国际经验表明，农业现代化最实质、最核心的内容是化“农”，就是农民比重大幅减少，农业比重大幅下降，城市化水平大幅提高的过程，农业资本参与利润率平均化规律与国家支持保护农业政策是并行不悖的。由于国情不同，世界发达国家农业现代化模式各具特色，呈现多模式发展态势，其中最为典型的有美国模式、日本模式和法国模式。

2.2.1.1 美国农业产业化发展经验

完全意义上的农业产业化产生于 20 世纪 50 年代的美国，美国也是目前农业产业化发展比较好的一个国家，其农业产业化的经验有很多值得借鉴的地方。美国发展农业产业化的经验如下：

1. 在家庭农场经营基础上，大力发展集约经营和规模经营

美国农业产业化是建立在集约经营和规模经营基础上的，家庭农场是其基本生产单位。美国的农场中的 90% 左右是家庭农场，其余为合作农场、公司农场，然而这些农场都依托于家庭农场。农场实行专业化、规模化生产，有的专门种植粮食作物，有的专门种植蔬菜水果，有的专门饲养牲畜或家禽。家庭经营虽然有其经济上和社会上的优越性，但是也制约着生产经营效益和市场竞争能力的提高。随着市场经济的发展，美国的农业政策及农场主都朝着扩大农业经营规模的方向发展，并长期坚持，使农业企业的数目不断下降，平均经营的规模逐步扩大。

2. 大力发展农业合作社组织

农业合作社从其产生的本义讲，就是由农场主和同农业有关的生产者为满足自己生产中的不同需要而自愿组织起来的互助组织。农业合作社可以有效地把分散的小规模、大量的农场主与千变万化的农业市场连接起来，降低市场风险，发挥规模经济效益，提高社会化服务水平。在美国的农业产业化过程中，各种农场主合作社占有重要地位。经过近 100 年的发展，美国农业合作经济已渗透到农村经济的各个领域，在克服农业经营规模不足和农业产业化过程中发挥了不可替代的积极作用。美国发展农业合作社的经验有：一是坚持自愿互利的基本原则。农场主和农业企业对于参加什么合作社，参加后是否长期留在其中，具有完全自主权。二是民主、科学、规范、高效的管理。从美国农业合作社的历史和实际经验来看，民主、科学、规范高效的管理，是维护保证和实现社员权益的基本手段，从而也是合作社发展成功的关键。三是合作社要不断扩展服务领域，提高经营效益。合作社原先主要是为农场主与农业企业提供一种横向联合机制。随着市场经济深入发展，这些传统功能发生了较大的转变，由过去的传统型变为现代型，由封闭型变为开放型，由分散型变为联合型，由单功能型变为多功能型。四是积极创新，促进合作社向公司发展。随着经营规模和经营领域的不断扩大，合作社自身的组织机制和企业制度也要向现代企业制度转变，提高社会化程度，向公司发展。

3. 实行积极的农业产业化政策

美国政府在其农业产业化中，不是插手具体事务，而是在宏观上为农业产业化的发展提供宽松的、良好的经营环境。一是对农业企业和合作社给予优惠性扶持政策和低税收政策。各级政府通过政策鼓励农业产前、产后企业直接与农场主签订信贷合同，以贷款、补贴和预付款等方式把资本投向农业，或者采取直接控股方式投资农业。二是引导非农资本投入农业，加速农业产业化进程。三是推进农业科技成

果转化为生产力。为了加速农业科技成果的产业化步伐，美国在1996年新《农业法》中对农业科研、推广和教育方面提出要增强农产品国际市场竞争能力，发展农业的长期生产力，增强农业的发展后劲，开发新的良种良法，改进风险管理，保护环境，发展高等农业教育，保证富含营养食物的充足安全供应等。

2.2.1.2　日本农业产业化发展经验

从日本发展农业产业化的经验来看，日本的农协在农业产业化过程中起着主导作用。日本农业同我国类似，也是建立在分散、细小的个体农户经营基础上的，由农户自主联合形成的合作组织，更能代表农民的利益，它能降低服务费用，促进加工、销售环节利润回流，有助于农民生产积极性提高。

1. 法律法规在日本的农业产业化过程中起到了重要作用

1948年日本正式颁布了《农业改良助长法》，从此形成独立的农业推广体系。1961年，日本《农业基本法》的颁布实施为农业发展创造了良好环境，加速了农业产业化进程，促进了农业的生产发展，提高了农户的收入水平。1999年7月废止了1961年的《农业基本法》，日本国会通过了新的《食品・农业・农村基本法》，其中最重要的是《农业合作法》，确立了合作社的法律地位，规范政府和合作社的关系，依法保护合作社及其社员的生产经营活动和资产收益不受侵害等等。日本的法律法规为日本的农业产业化提供了法律保障。

2. 坚持以市场为核心

在利益的驱使下，农业产业化经营系统必然实行市场机制，通过农产品价格和供需关系确定各分配主体的利益。农业产业化体系的发展作为一个经济运行过程，一方面离不开政府的有效干预，尤其是在立法、管理、政策指导、信贷金融方面，政府更具有无可替代的重要作用，另一方面，按商品经济原则要求，摆脱政府部门的行政干预。因此在发展农业产业化体系过程中，不能用政府的行政行为替代企业、农户的经济行为，一定要注意以市场为导向，形成多经济成分、多渠道、多形式、多层次的农业产业化体系。

3. 大力发展农业科技

日本在发展农业产业化方面非常重视科技投入，一是不断增加用于基础研究和开拓性应用研究的经费，加强国家级研究机构和大学研究力量；二是改革农业科研的组织形式和合作方式，建立起产学研一体的科研体制；三是创办以实习和实验为主要内容的科学技术大学，培养农业科技成果转化人才；四是兴办科学技术实体，为农业企业提供各类技术和咨询。

4. 构建政府与民办相结合的农业科技推广体系

农业技术推广体系的构建直接影响着农业生产水平的高低。日本政府在保证每年增加对农业科技投入的基础上，积极鼓励和支持各乡镇村自办农业技术推广服务组织或专业技术农协，聘请专职或兼职技术人员参与农业技术服务或推广，并对其中做出重要贡献或取得明显成效者予以奖励。

2.2.1.3 法国农业产业化发展经验

法国同中国很相似，是传统的农业大国，地少人多、农民的恋土心理较浓，因此法国有“欧洲的中国”的称号，所以法国由传统农业向现代农业转变的经验更值得我们借鉴。20 世纪 60 年代，法国农业已基本建成现代农业，70 年代已成为全世界农业最发达的国家之一。法国由传统农业向现代农业的转变属于节劳节地型，既注重发展以现代化工业装备农业的农业机械化，也重视农业生产组织形式的研究与应用；既提高劳动生产率，也提高土地生产率。法国农业现代化的模式和经验主要有以下几个方面：

1. 土地占有私有化与农业社会化相结合

20 世纪以后，由于农业资本投入的增加以及农业机械与生化技术的广泛应用，法国农民越来越重视现代农业的机器设备和化肥农药，更重视技术，但对于土地等生产要素相对重视度却降低了，所以佃农和农工不一定要去获得土地的所有权，而是谋求在法律的保障下得到独立的土地经营权即可。这样使法国出现土地所有者与经营者相分离的现象，为农业的社会化创造了条件。

2. 提高土地生产率与提高劳动生产率并进

大力推进旨在替代人力的机械化，同时也大力推进旨在提高单产的化学化、科学化。法国从 1961 年到 1983 年，拖拉机从 74.3 万台增加到 149.5 万台，农用收割机、脱粒机从 5.8 万台增加到 14.8 万台，平均每个农业劳动力生产谷物从 4.9 吨提高到 25.9 吨，2000 年超过 70 吨。同时，积极选育的推广优良品种，改进耕作技术和病虫害防治技术，使单位面积产量大幅提高，谷物单产从 1961 年的每公顷 2275.9 千克，提高到 1971 年的 3875.5 千克，2001 年达到 6752 千克，居世界前列。

3. 市场机制与政府干预共同推动农业发展

法国的家庭农场是企业化的经营单位，是独立的市场主体，农业合作社和农业协会组织，也都在市场中运作，为农场提供各种专业服务。但在农业结构的调整、土地规模的扩大、农业专业化的形成、农业机械化的实现、农业科学化的进步、农业劳动力的转移、农业多元投资的形成、农产品的交易等方面，除了看不见的手——市场机制在充分发挥着作用外，还有一只看得见的手——政府也在进行着干预。法国农业不仅有本国政府的宏观调控，欧盟也在发挥重要作用。政府和欧盟对农业的调控主要是通过颁布各种法令和政策，通过经济手段来实现的。

4. 健全的农业教育、科研、推广体系

法国把农业教育视为农业政策的重要组成部分，由高等院校、农业高中、农业初中和半工半读 4 个层次组成农业教育体系，基于“学以致用，就地施教，面向农村”开展教育，提高农业经营者的文化技术和管理水平。同时通过国家、省和农场三级农业推广委员会，尽快把农业科研成果推广到实践中去，使科技成果尽快转变为现实生产力。法国在建设现代农业过程中，还很注重将农业经济的转型与发展和农村社会的转型与发展紧密结合在一起，将农村现代化与城市现代化有机统一在一起，通过国民收入分配，统筹安排城乡支出，加大对农村的支持力度。

2.2.1.4 各国农业产业化模式分析

在实际发展中，很多国家都对农业产业化进行了各具特色的发展实践，走出了不同的发展路径。具体整理如表 2-2、表 2-3 所示：

世界各国农业产业发展路径分析 表 2-2

国家	发展路径
日本	特色化道路，一村一品打造品牌，占领市场
美国	现代化道路，提高农村劳动生产率，解放生产力，创造剩余价值
法国	政策化道路，政府层面从金融、土地、社会化服务、科研、推广全方面扶持
新加坡	科技化道路，提高单位效率，结合教育科研力量，进行技术输出
荷兰	精细化道路，提高产品附加值，打造精品，花卉产业链完整，流通体系完善
英国	休闲化道路，开展基于农业的旅游项目，带动相关服务业发展
以色列	节约化道路，灌溉技术世界领先，环保节能
德国	人才化道路，农民（农场主）准入门槛高，食品安全，循环生态

世界各国农业产业比较分析 表 2-3

国家	农业规模	产业模式	产业特色	特色农产品
以色列	9% 农业人口	科技型	（1）海水淡化； （2）灌溉技术； （3）基因种子	沙漠蔬菜、肉禽蛋、大棚花卉
荷兰	4% 农业人口	高效型	（1）设施园艺（塑料薄膜温室、玻璃温室、PC 板温室）； （2）先进的加工技术； （3）水利设施； （4）农业合作社	畜牧业、奶业、园艺作物

续表

国家	农业规模	产业模式	产业特色	特色农产品
德国		循环型	高度的工业化和现代化	牛、猪
丹麦	2% 农业人口		（1）农业和工商形成产业链； （2）高额补贴	猪肉、谷类
法国		合作型	（1）集中式商品生产基地； （2）专业化农业服务外包； （3）农业合作社与家庭农场的双层经营结构	酒、牛奶、牛肉、小麦
英国		集约型	（1）高度机械化； （2）销售网络	
美国	2% 农业人口	资源型	（1）科研教育、高科技； （2）家庭农场、职业农民； （3）高度机械化（公路网发达）	粮食类黄豆、玉米、小麦
加拿大	5% 耕地面积	高效型	生物技术；农业保险制度	粮食出口
日本	90% 耕地面积	农场型	（1）严格控制土地，所有权和使用权分离； （2）家庭农场横向协作、农业合作社； （3）精耕细作； （4）农业化学化	
澳大利亚		资源型		羊毛、羊肉
新西兰		资源型	高度机械化	羊毛、羊肉、乳制品、鱼类

2.2.2　中国农业产业化发展情况

2.2.2.1　中国农业产业化的发展历程

从中华人民共和国成立到现在，纵观中国农业产业化发展，大致可划分为 3 个阶段，1980 年代中期至 1990 年代中期为中国农业产业化最初的探索阶段，1990 年代中期至 1990 年代末期为中国农业产业化成长阶段，21 世纪以来至今为中国农业产业化创新阶段。

1. 中国农业产业化最初的探索阶段（1980 年代中期至 1990 年代中期）

1978 ~ 1984 年：家庭联产承包制的推进和农村微观经营主体的重构。

1978 年冬，安徽省凤阳县小岗村 18 位农民签订的一张包产合同书掀起了包产到户的序幕。1982 年 1 月 1 日，中共中央批转《全国农村工作会议纪要》（1982 年中央 1 号文件）承认“包产到户”和“包干到户”是“社会主义”的，是一次认识上的大突破。1983 年 1 月，中共中央印发《当前农村经济政策的若干问题》的通知（1983 年中央 1 号文件），全面彻底地肯定了家庭联产承包责任制。从此全国范围内农业上开始普及家庭联产承包责任制，废除一大二公的人民公社旧体制。

1985 ~ 1991 年：改革农产品流通体制，乡镇企业异军突起。

随着农业基本经营制度的确定和农业生产效率的提高，农产品流通体制改革的迫切性日益凸显。从1979年开始，中国政府就逐步减少农副产品的统派购种类。到1985年，中国政府对农产品的统派购制度进行全面改革，取消了粮食、棉花的统购，改为合同定购，价格实行“双轨制”。并规定定购以外的粮食可以自由上市。对其他各类农产品，实行价格放开，由市场的供需力量决定。1986年，为了增加农民生产粮食的积极性，还适当减少了合同定购数量。伴随着农产品流通体制的改革，中国政府还鼓励农民发展多种经营，优化种植业结构，从而促进小农业向大农业的转变。同时，还鼓励农民利用手中积累的资金从事工商业生产。这极大地促进了农村乡镇企业的发展。

2. 中国农业产业化成长阶段（1990年代中期至1990年代末期）

1992 ~ 1997年：农业产业化经营战略的提出，强调土地承包经营的稳定性，稳步推进粮食等主要农产品的流通体制改革。

1992年初，邓小平同志南巡讲话和同年10月召开的党的十四大，推动了新一轮经济高速增长，确立了社会主义市场经济体制的改革目标，使农业和农村经济的发展建立在一个新的起点上。为了解决农产品生产和市场的矛盾，1992年9月，国务院发布了《关于发展高产优质高效农业的决定》，明确提出要以市场为导向，继续调整农业产业结构，加快高产优质高效农业的发展。1993年初，山东省潍坊地区首次提出了农业产业化的概念。1993年6月，中共中央、国务院在《关于当前农业和农村经济发展的若干政策措施》中指出，“以市场为导向，积极发展贸工农一体化经营。通过公司或龙头企业的系列化服务，把农户生产与国内外市场连接起来，实现农产品生产、加工、销售的紧密结合，形成各种专业性商品基地和区域性支柱产业。这是我国农业在家庭经营基础上向专业化、商品化、社会化生产转变的有效途径。”1996年出台《中共中央、国务院关于“九五”时期和今年农村工作的主要任务和政策措施》，强调贸工农一体化、农业产业化在农业商品化、产业化、现代化中的作用。

稳定农村土地承包关系是这一阶段改革的亮点。1993年3月29日，第八届全国人民代表大会第一次会议通过的《中华人民共和国宪法修正案》，把家庭承包责任制和双层经营体制写入宪法。1993年7月2日，第八届全国人民代表大会第二次会议通过了《中华人民共和国农业法》，强调“国家实行农村土地承包经营制度，依法保障农村土地承包关系的长期稳定，保护农民对承包土地的使用权”（第十条）。并用法律的形式确立农业产业化经营的主导地位。1993年11月5日颁布的《中共中央、国务院关于当前农业和农村经济发展的若干政策措施》(1993 年十一号文件)，提出把土地承包期再延长 30 年。

以粮食等主要农产品流通体制为主要内容的改革是建立与社会主义市场经济体制相适应的农产品流通体制的需要。1994 年国务院发布《关于深化粮食购销体制改革的通知》，提出粮食经营实行政策性业务和商业性经营两条线运行机制，构建了粮食流通体制改革的框架。1995 年 4 月，《国务院关于深化粮食棉花化肥购销体制改革的通知》规定省级单位政府领导负责制的基础上，明确提出坚持和完善省长负责制。1995 年 12 月 11 日《人民日报》发表了"论农业产业化"社论，该社论阐述了农业产业化的内涵和现实意义。

这一阶段，尽管粮食流通体制改革并未最终成功，但市场调节的框架初步建立，其他各种农产品的供给基本实现了由市场调节的目标。并且，包括粮食在内的主要农产品实现了从长期短缺到供求基本平衡、丰年有余的历史性转变。这一时期也是乡镇企业发展的第二个高峰期。1992 ~ 1996 年，乡镇企业总产值从 17659.7 亿元增加到 68343 亿元，年均增长率为 41.86%。

3. 中国农业产业化创新阶段(21 世纪至今)

1998 年至今：城乡统筹战略的实施，农业税的废除，以工补农、以城带乡阶段的到来。

1998 年 10 月 14 日，党的十五届五中全会通过了《中共中央关于农业和农村工作若干重大问题的决定》，总结了农村改革 20 年来的基本经验，提出了跨世纪发展的目标和方针。这一阶段农业和农村政策的最大变化，是自 21 世纪以来的减免以至取消农业税，并逐步加大对农民的各种补贴。由此我国正式进入"以工补农，以城带乡"的历史性发展阶段。2000 年 3 月，中共中央、国务院下发《关于做好 2000 年农业和农村工作的意见》。《意见》指出，"以公司带农户为主要形式的农业产业化经营，是促进加工转化增值的有效途径。各级政府和有关部门要认真总结经验，采取得力措施，推进农业产业化健康发展。"2001 年 3 月，九届人大四次会议批准了"十五"计划纲要。纲要称，"农业产业化经营是推进农业现代化的重要途径"，要"鼓励采取公司加农户、订单农业等多种形式，大力推进农业产业化经营。支持农产品加工企业、销售企业和科研单位带动农户进入市场，与农户形成利益共享、风险共担的经营机制"。2005 年 12 月 29 日，十届全国人大常委会第十九次会议通过决议，新中国实施了近 50 年的农业税条例被依法废止。仅减免税一项，国家每年减轻农民负担 1335 亿元。

粮食流通体制改革取得了突破性进展。2004 年 4 月 23 日，《国务院关于进一步深化粮食流通体制改革的意见》发布，新一轮粮改正式启动，粮食购销完全实现了市场化，重新实行了最低保护价收购政策。至此，农产品流通体制改革宣告结束。

农业国际化是这一时期改革的重要内容。2001 年 11 月 10 日，我国正式加入世贸组织，这就意味着我国农业发展进入了全新的时期。按照加入世贸组织协议的要求，我国对有关农产品贸易的国内市场准入、国内支持和出口补贴等进行了大幅度改革，并使农产品平均关税从 2001 年的 23.2%降至 2006 年的 15.23%，远远低于美国、日本和欧盟等发达国家水平，仅为世界农产品平均关税 62%的 1/4。目前，我国已成为世界上农产品关税总水平最低的国家之一。我国的外贸依存度越来越高，正在以较快的速度融入国际大家庭。

龙头企业得到长足发展。至 2004 年 9 月，我国已形成以 580 多家国家重点龙头企业为核心，2000 多家省级重点龙头企业为骨干，数万家中小型龙头企业为基础的农业产业化龙头企业的新格局。2005 年前后，工商资本大量涌入农业产业化领域，创新了农业经营理念。通过“政府搭台、企业唱戏”等有效途径，积极鼓励工商资本、民间资本和外来资本参与农业产业化经营。很多地区创新了农业经营理念，提出要以工业的理念发展农业产业化经营，为龙头企业的进一步发展注入了新的活力。

为了提高农民收入，改善农业生产条件和农村居住环境，2005 年 10 月十六届五中全会通过的《十一五规划纲要建议》中，社会主义新农村建设作为很关键的新的政策提出。新农村建设的内容是：“生产发展、生活宽裕、乡风文明、村容整洁、管理民主”。它既包含了农村经济的发展，又包含了农民收入、生活质量的提高；既包含了农村整体面貌、环境的变化，又包含了农民素质的提升，还包含了农村基层民主建设等，是一个全面而完整的系统工程。“十二五”规划指出：“坚持走中国特色农业现代化道路，把保障国家粮食安全作为首要目标，加快转变农业发展方式，提高农业综合生产能力、抗风险能力和市场竞争能力。”

自改革开放以来，农业的机械化、农业的教育以及技术体系都得到了很大程度的发展。大型的农业机械开始普及，科技兴农战略正有条不紊地实施，高等农林院校的数量和规模不断扩大，农业人才越来越充足。正因为如此，我国农业上的科技成果不断，生物技术创新屡屡被用在农作物改良上，中国的农业迎来了一个全面发展的时代。

2.2.2.2　中国农业产业化存在的问题

总体上看，我国农业产业化经营还处于初期阶段，在龙头企业实力、农户参与度、政府支持力度、运行机制、科技支撑等方面还存在很多问题。

1. 龙头企业竞争力不强

我国农业龙头企业的竞争力不强主要表现在以下几个方面：①企业规模小，抗风险能力差。2002 年，全国 4.2 万个龙头企业中，销售收入 500 万元以下的占 43%，销售收入 1 亿元以上的仅占 4.7%；2003 年，销售收入 50 亿元以上的仅有 10 家企业，占 0.024%，销售收入 100 亿元以上的仅有 1 家企业，占 0.002%。全国 4.2 万家龙头企业年销售收入总额还不及世界前两家农产品加工企业菲利普 · 莫利斯公司和雀巢的年销售收入之和。②农产品加工技术落后。目前我国农产品加工企业的技术装备水平 80% 处于 20 世纪 80 年代的世界平均水平，15% 左右处于 90 年代水平，只有 5% 达到国际先进水平。③我国农产品加工率低。国内农产品的加工率也只有发达国家的 50%。农产品加工产值和农业产值的比重为 0.8 : 1，而发达国家为 3 : 1。

2. 农户参与度低

目前全国的农户还未参与农业产业化经营，还处于分散的小生产状态。一方面是龙头企业带动能力弱，不能覆盖大部分农户；另一方面农业专业合作组织发展缓慢，聚合效应差，中介桥梁作用没有很好地发挥。目前加入各类合作组织的农户仅占全国农户总数的 2.8%，且其中有半数以上的农民专业合作经济组织是没有产权关系的松散型自我技术服务性团体，难以适应市场经济发展的需要。

3. 政府扶持力度不够，管理方式不科学

由于我国农业基础薄弱、农民素质不高、抗市场风险能力差，而农业产业化经营作为提高我国农业竞争力、促进农业增效、农民增收的一个重要举措，政府应该大力扶持。但目前政府对农业产业化经营的调控、支持力度有待提升，特别是财政、金融方面的支持。一些地方还仅仅把农业产业化经营作为一种时髦口号停留在口头上，没有切实制定出扶持措施。有的地方还甚至人为夸大业绩，搞人造“一条龙”“拉郎配”“一刀切”。有的政府机构干预农业产业化经营组织的具体生产经营活动，为政绩而盲目决策。在管理手段方面还存在欠缺，不能保证扶持政策全部执行到位。

4. 市场运行机制不稳定

农业产业化经营是市场农业的必然，这就要求必须按照市场经济的运作规律来建立农业产业化的运作体系。按照市场规律，不是生产什么就卖什么，而是市场需要什么就生产什么。而我国目前在农业产业化过程中还习惯于从建基地、抓主导产业人手来启动和推进产业化。一个农业产业化的规划往往是以建设几个大基地、几个大产业为主的规划。这种工作方式在农业产业化经营的发展过程中必将出现较大的失误。另外，利益分配机制是决定农业产业化经营能否长期坚持下去的瓶颈因素。由于企业、市场等“龙头”或中介组织通常比较关注短期收益，并在利益分配过程中处于相对主动的地位，龙头企业与农户的利益连接不紧密，利益分配不合理，违约现象经常发生。一方面多数农户只能获得出售原料的收入，享受不到农产品加工增值的利润；另一方面，企业对分散农户的管理力不从心，企业管理成本高。由于目前我国的农业产业化的运行机制不稳定，经营风险比较大。因此在一些非合作制的产业化经营组织中，农户利益很容易受到损害。这就在很大程度上制约了农业产业化的进一步发展。

5. 科技支撑体系不完善

任何一个产业的发展都离不开科技的支持，农业产业化也是如此。目前，我国的农业产业化经营科技支撑体系不健全。第一，由于我国农业推广体制不完善，科技成果转化率非常低，每年大约有 6000 多项农业科技成果，但转化率只有 30% ~ 40%,而农业发达国家成果转化率已达到 70% ~ 80%。第二,对农民的培训少，农民的科技素质不高。我国农业劳动力中，大专以上文化程度的仅占 0.64%，高中及中专学历的占 11.79%，初中毕业的占 50.24%，小学及以下文化程度的占 37.33%。第三，在我国的农业产业化过程中，采用标准化生产的比较少，科技推广难度大。

6. 合作双方力量不均衡

由于我国大部分地区的农户生产规模小，经营分散，不能形成合力，农户在与企业的交易过程中处于弱势地位。农户和企业所承担的风险和收益不对等。一方面，农户在与企业进行农产品交易的时候，很容易被企业压低价格：另外一方面，当农户不履约时，企业对农户无能为力。发展合作组织是解决农业产业化中存在以上问题的有效途径，但合作组织在发展过程中，也同样面临着一些主要问题：

（1）合作组织的档次比较低，运营资金短缺。无论是专业合作组织，还是专业技术协会，在组织的规模上都比较小，参加合作组织的农户数量也不多，而且大多不采取入股的方式，因此，合作组织的职能比较单一，大多数只是提供一些服务，属于技术经济服务型合作组织，如提供技术方面的服务、产品的市场信息等。因为大多数合作组织成立之初是从技术服务入手的，社员没有参股，运行以后没有经济来源，更没有自己的相关产品，所以资金短缺问题很快就会出现，没有后续资金来源的保障使合作组织的工作开展举步维艰。

（2）现有的制度不规范。根据有关调查资料，绝大多数合作组织都是由政府的财政资金投资扶持的，而且政府的扶持力度逐年加大，2006 年，中央财政用于扶持合作组织的资金达到 8000 万元，如果考虑地方财政扶持的资金额度，资金总量已形成了一定的规模。政府财政资金的介入，一方面充实了合作组织的力量，但同时也带来了负面的影响。由于合作组织的资金是政府出的，合作组织有可能把政府的意愿，放在了首位，而并没有把农民的需求放在主要方面，有可能使合作组织失去了成立的意义，即满足农民的需求。由于政府直接出面组织合作组织，造成合作组织的组织机构不规范，一些政府工作人员担任了合作组织的负责人。在调查过程中发现，担任合作组织负责人的有农机站站长，有经管站站长，甚至还有乡镇领导。同时，合作组织的内部制度也不规范，委托代理关系不明确，分配制度五花八门，没有实现合作组织利润返还的目标。

（3）异化现象严重。在经济比较发达地区的合作组织，企业化倾向越来越明显，按股金分红的比例越来越大，有些甚至取消了利润的返还，与企业的职能相似。

2.2.2.3　中国农业产业化的主要特征

自我国实行全面改革开放以来，在农业产业经营管理过程中取得了许多成功的经验。将农产品生产加工和销售连为有效的经营体制，能够更好地促进产业经营的有效管理。当前随着我国社会主义市场经济的快速发展，相关农业产业经营管理组织的整体数量在不断扩大，各类组织的形式也呈现出多样化的发展趋势。农业产业实际分布的范围也较为广泛，但是地域之间呈现出发展不平衡的态势。相关数据统计分析得出，大多农业产业经营的产品都是市场化程度较高、经济效益较大的产品。产业虽然分布的范围较广泛，但是经济的差异导致不同地区农业产业经营组织之间仍存在着相应的差异。

我国农业产业化的特征是：以龙头企业为引领、以家庭农户为核心，打通从田间到餐桌的农业全产业链，走绿色、高效、融合现代化的新型农业产业化道路。

2.3　新型农业产业化发展路径与模式研究

2.3.1　农业产业化的阶段特征

根据我国的社会和经济发展背景，可以将我国的农业产业化发展分为 4 个阶段：小农经济阶段、规模经营阶段、融合拓展阶段、现代科技阶段。每个阶段各自的特点和发展的主要方向不同，采取的措施和工作的重点不同。

2.3.1.1　小农经济阶段

这一阶段首先要认清现状，打破落后的小农生产方式，由封闭的生产模式向开放的市场模式进行转变。根据需求，对农业生产供给侧进行结构性改革，培育和引进农业龙头企业。

2.3.1.2　规模经营阶段

由龙头企业主导的农业生产模式要实现规模化，需要推进土地制度改革，便于土地的流转和集中。在企业带动下培育新型经营主体，包括专业协会、农村合作社、家庭农场和种养大户等，统筹和分配农业生产。在稳定生产、优化结构的基础上，对农业产业链进行纵向延伸，增加农产品的附加值，使新型经营主体和农户获得更高的收益。

2.3.1.3　融合拓展阶段

在这一阶段,农业产业链已经基本成型,各生产环节之间的效益已经达到最大化,对此要对农业进行横向拓展，实现农业和其他产业的融合，创新产业业态。农产品的产出只是农业最基础的价值之一，对农业应进行深度挖掘，发掘其旅游价值、科研价值、社会价值、教育价值、艺术价值和生态价值等方面的价值。这些价值的利用空间非常巨大,农业已经跳出其原本的功能范畴,而是与人和社会的需求融合渗透,活跃在各个领域。

2.3.1.4　现代科技阶段

这一阶段所说的现代科技，不仅仅是狭义上对农业产出数量提升的农业技术，而是在农业产业相关的各个环节都实现科技化。智能化、信息化、机械化和网络化成为农业生产的常态，农业的生产方式产生根本性变化，甚至不再依附于广大的用于农业生产的土地。农业生产可能已经演化为为人类提供直接的能量供给，立体农业、太空农业、生化农业等各类科技农业类型将彻底改变人们对农业的认知。

2.3.2　农业产业链的基本构成

2.3.2.1　新型农业产业链的概念

新型农业产业链是指由田间到餐桌所涵盖的种植与采购、贸易 / 物流、食品原料 / 饲料原料及生化、养殖与屠宰、食品加工、分销 / 物流、品牌推广、食品销售等多个环节构成的完整的产业链系统。

农业产业链的概念建立在现代意义大农业演进的基础上，可以认为农业产业链是指与农业初级产品生产具有产业关联关系的产业网络结构。在产业链主线上的各个环节都与许多其他产业相关联，而农业科技、农业信息和标准化等基本要素又影响产业链的始终，最终形成了一个以农业生产为主线的网状分布。它所追求的是多种形式形成系统内部有机结合、相互促进和利益互补机制，实现资源优化配置的目标。

2.3.2.2　新型农业产业链的构成

农业全产业链分为不同的环节，一般由上游、中游、下游以及衍生产业链组成，根据当前农业产业的特性，将整个产业链分为产前、产中、加工、流通、消费五个环节。

产前环节可归为产业链上游，属于原料端，主要处在农业产业的开始端，是提供农业原材料、重要资源的行业。包括种子、化肥、农药、兽药、饲料、农机等。

产中环节可归为产业链中游，属于生产端，主要处在农业产业的中间环节，是提供农业直接生产的行业。包括种植业、养殖业、畜牧业、渔业、采摘业、农业服务业等。

加工环节可归为产业链下游，属于加工端。主要处在整个产业链的末端，是提供农业加工原材料，制造成品和从事生产、服务的行业。加工环节包括食品加工、粮油加工、饲料加工、农资加工等。

流通环节可以归为延伸产业链，属于运输端、流动端，即从生产领域向消费领域提供商品的过程，流通不创造价值。流通环节包括仓储、运输等。

消费环节可以归为延伸产业链，属于消费端，是社会再生产过程中的一个重要环节，也是最终环节。是指利用农业产品消费来满足农业产业各种需要的过程。包括传统超市、菜场以及最新的互联网平台等。

2.3.3　新型农业产业化发展模式研究

2.3.3.1　规模高产型

农业的规模化生产是在成片集中的土地上采用先进的农业生产技术，运用高效的农业机械进行耕作。不仅可以提高农业的劳动生产率，在一定的生产投入的前提下，降低单位土地面积的生产成本，提高产量，使农产品的价格具有市场竞争优势，而且还可以带动诸如运输、农机制造、维修服务、仓储烘干等一系列相关产业的发展，形成大农业的发展局面。

随着经济的发展和人均收入水平的提高，农业规模经营问题在中国越来越具有紧迫性。第一，我国农业生产长期囿于偏小的经营规模，农业生产率提高不明显，农产品成本难以降低，长久以往中国农业将丧失国际竞争力。第二，农业规模化经营推不开，务农收入上不去，城乡之间、农业和非农业之间的收入差距将难以缩小，农村衰败和农业萎缩将难以避免。第三，中国经济已进入中等收入发展阶段，国内民众的农产品需求正在从求量型向求质型转变，消费者在食品安全和食品质量方面的要求不断提高，非规模化的传统小农业完全无法满足这种需求。无论是提高农业竞争力，还是增加农民收入，必须要走农业规模经营的道路，农用土地逐渐集中和农业经营规模的扩大是农业现代化的必然趋势和客观要求。在当前统筹城乡发展的过程中，通过推进土地的“登记、确权、颁证”，进一步明确了农民土地承包经营权的权益，为推进农业规模经营提供了条件，针对农民发展诉求，对农村基本经营制度进行创新，走适度规模经营之路已成为发展新型农业产业化和现代农业不可逆转的趋势。

通过土地适度规模经营将分散的小规模的农户联系在一起，实行产业化经营。一方面可以根据市场需要，进行农业生产和经营，满足大规模的农业需要；另一方面也能提高劳动生产率，增加农业的生产效益，增强市场的竞争力，实现农业效益最大化。

一是与促进农民持续增收相结合。鼓励土地向种养大户、家庭农场和农民专业合作组织适度集中。促进他们扩大经营规模，取得规模效益。通过土地流转，在确保流出土地的农民获得承包土地合理收益的同时，实现充分就业，增加收入。二是与优化农业产业布局相结合。统筹安排城乡建设、产业发展、生活居住和生态保护等空间布局，推进工业向园区集中、农民居住向城镇和社区集中、农业向适度规模经营集中。三是与发展高效农业相结合。加强土地整理和农业综合开发，大力改善农业基础设施，建设高标准农田。四是与农业产业化经营相结合。农业产业化经营通过合理组织、分工协作和专业化生产，带来农户和龙头企业的规模经营，增加内部规模经济效益。

规模化经营包括家庭农场、合作社、龙头企业、社会化服务组织和农业产业化联合体等多种形式经营主体。经营主体通过扩大土地经营规模，从事农业生产经营活动，进而获取规模经济报酬。

2.3.3.2　特色质优型

我国幅员辽阔，区域特点明显，各地区资源差异显著。各类农产品因受地理条件、气候条件、土壤条件等因素的不同影响，呈现出分布各不相同的产业布局形式，并且同类作物在不同地区也呈现出不同的性状，其口味、形态、营养价值等也各有不同。丰富多样的产品类型在消费市场上越发受到欢迎，优秀的特色农产品因其稀缺性价值也得到极大提升。因此特色农产品极易形成独特品牌，具有较强竞争力。而这些农产品的特色产区适合走一三产融合的农业产业化模式，打通销售渠道，加强宣传，强化品牌，形成特色农产品龙头企业。

因此农业产业化在我国实行过程中必须要因地制宜，具体问题具体分析，走出一条符合各地实际情况的特色农业发展之路。要以市场需求为根本导向，明确发展重点和类别，通过某区域的实际特点和经济格局，实行有差异的发展方向，并根据基地生产条件、土地状况、交通便捷性等综合指标，对农业产业化的发展进行划区域分类，每个区域都专于某一项产品的生产、加工和销售等环节，更为优质化、专业化地促进优质品种的生产和某专项产品龙头企业的培养，这种模式也便于科技投入，促进农业产业化的发展和利润的提升。

2.3.3.3　产业融合型

随着农民收入持续提高，城乡居民收入差距也在不断减小。农民收入增长的传统动能乏力，收入增长有限，迫切需要开拓增收新渠道。一二三产业融合发展是构建现代农业产业体系的重要内容之一，也是让农民分享产业增值收益、拓宽农民就业增收渠道的重要手段。依托当地特色优势资源发展特色产业，培育优势主导产业和多元化融合主体，提升农业质量效益和竞争力。如发展休闲体验农业、电子商务和智慧农业等，打造市场竞争力强的产业融合主体，引导新型农业经营主体集聚集群发展，形成主导产业与经营主体相互促进、产业协同发展的格局。

对于全面把控农业产业的产前、产中、产后各项环节，参与产品的全生命周期，更好地将一二三产进行融合，农业产业园模式最为适宜。把现代农业在空间地域上进行集聚，在具有一定资源、产业和区位等优势的农区内划定相对较大的地域范围优先发展现代农业。农业产业园的产业链包括核心环节以及产前、产后环节，还有其他用于支持和配套的产业等，形成了一二三产全过程链条。以政府和企业经营为导向，以工业园区为理念，以推进农业现代化进程和农民增收为目标，以现代科技和物质装备为基础，实行集约化生产和企业经营，建设集农业生产、科技研发、生态游憩、观光体验等多种功能于一体的综合、先进示范园。农业产业园创造了农民就近就业的新方式，并最终实现农村地区的生产方式、生活形态的结构性变化，可改变小城镇地区的生产力布局和城乡生活格局，促进城乡经济社会发展的一体化。

2.3.3.4　科技高效型

习近平总书记曾指出："农业出路在现代化，农业现代化关键在科技进步。我们必须比以往任何时候都更加重视和依靠农业科技进步，走内涵式发展道路。"

科技高效型模式是在传统粗放型发展模式不能满足现今农业产业化发展需求的大背景下应运而生的。运用现代工业辅助农业、新型科学技术知识武装农业，采用创新管理手段经营农业，旨在提高农业综合效益。现今农业技术发展迅速，分支众多，主要包括信息技术、生物技术、机械技术、栽培技术、精致加工技术、新能源技术等，可利用多项技术改进与升级传统农业，通过技术的参与和集约型发展的理念加快农业产业化的进程。此模式的突出特点是使用农业先进技术进行集约经营，不依赖于生产要素的无止境投入去提高农业产值，而是通过降低生产成本、环境污染和资源耗损，实现经济和生态效益的平衡和提高。

发展过程中可建立三方联动机制，以科技为纽带，“企业—政府—科研院校”三方联动，拓展沟通交流渠道，汇聚学科、技术、人才优势，主动收集双方意向与需求，为优秀农业科技成果在企业转化牵线搭桥。加大先进技术培训力度，邀请科研院所专家定期或不定期对接企业，就新型农业生产技术、生态养殖技术、农业高新装备应用等开展田间指导。同时，针对企业主、管理人员和专业技术人员开展形式多样的知识培训和业务学习。

第 3 章　特色小城镇全域空间要素研究

3.1　全域空间总论

3.1.1　全域空间的界定

2012 年 12 月 8 日，党的十八大报告在阐述生态文明建设、优化国土空间开发格局中提出“促进生产空间集约高效、生活空间宜居适度、生态空间山清水秀”，第一次以政治的视角从战略的高度、用通俗易懂的语言总结出了生产、生活、生态空间的发展要义。一年后的 11 月 12 日十八届三中全会通过了《中共中央关于全面深化改革若干重大问题的决定》，又一次在加快生态文明制度建设、健全自然资源资产产权制度和用途管制制度中提出“建立空间规划体系，划定生产、生活、生态空间开发管制界限”。2013 年 12 月 12 日，中央城镇化工作会议在北京召开，在会议提出的推进城镇化的主要任务中，再一次提出“提高城镇建设用地利用效率……按照促进生产空间集约高效、生活空间宜居适度、生态空间山清水秀的总体要求，形成生产、生活、生态空间的合理结构”。

生产空间、生活空间和生态空间一般简称为“三生空间”。这个词在学术界和行业内尚无专门的概念解释，其涵盖的三个内容词汇也均是较为通俗和宽泛的三个概念，综合人们通俗的理解和学术界的相关解释，基本上能够作出以下概括：生活空间是人们日常生活活动所使用的空间，为人们的生活提供必要的空间条件；生产空间具有专门化特征，是人们从事生产活动而在一定区域内形成特定的功能区；生态空间具有生态防护功能，对于维护区域生态环境健康具有重要作用，是能够提供生态产品和生态服务的地域空间。而全域空间其实就是“三生空间”及其相互关系的总称。

本文所指的小城镇全域空间要素，是以行政建制镇的镇域为研究范畴，在传统“三生空间”的基础上，结合新型农业产业化背景下出现的产业新业态和生活聚居新方式，提出的更全面的空间类型和内容。同时，将乡村空间中的生活空间与生产空间分别对待，强调乡村生活的重要性，不仅是为生产服务的居民点，并且需要对其空间特征进行单独的研究（图 3-1）。

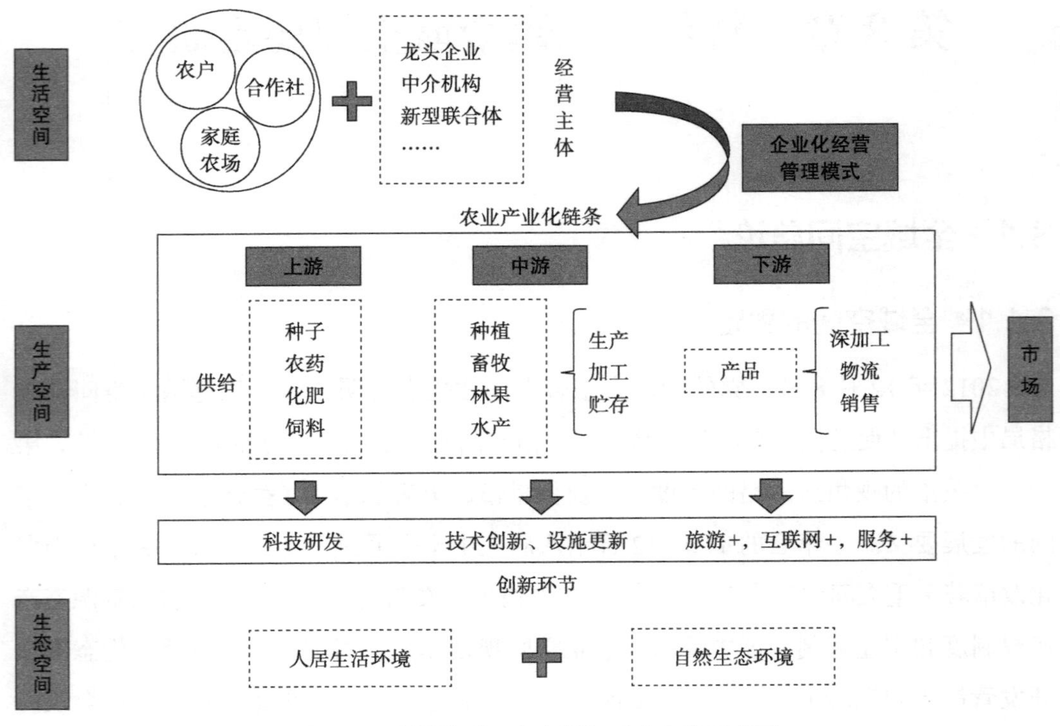

图 3-1　小城镇"三生空间"对应内容示意图

3.1.2　全域空间的特征

生产、生活、生态"三生空间"是通过用地的主导功能来确定其空间划分的，具有空间尺度差异性、功能复合性、范围动态性等特征。

3.1.2.1　空间尺度的差异性

不同的城乡规划空间尺度层级下"三生空间"的主要内容对象有差异。在宏观区域城乡空间尺度和区域城镇体系规划视角下，每一个城市、镇都可以被视为一处点状集中的生产或生活空间，其间广大的乡村和自然区域都可被视为生态空间。而在中观城市空间尺度下，工业用地集中的区域可以被归为生产空间，居住用地集中的区域就是生活空间，城市边缘的生态绿地、城市中的公园绿地则被视为生态空间。再进一步到微观的城市街区，每一个地块甚至每一座建筑都能在"三生空间"中找到各自的对象定义，比如街头小公园属于生态空间，街边的住宅楼所在地块是生活空间，如果地块中有一栋楼是个小型加工厂，那这栋楼就是生产空间。

3.1.2.2　空间功能的复合性

“三生空间”中三类空间的功能性质在多数情况下是多元复合的，生产、生活、生态代表的只是其所在空间的主导功能。例如通常将城市中的工业园区视为生产空间，但园区中的宿舍楼则是生活空间，街头公园则是生态空间；风景名胜区是明显的生态空间，但其中的酒店等服务设施却属于生活空间。这种空间功能的复合性特征还表现为“三生空间”在不同空间尺度层级的嵌套性，即上一空间尺度层级中的单一对象内涵会在下一空间尺度层级中包含多种对象内涵。如宏观尺度的区域城乡范围内，每一个城镇都可以是一个点状的生活空间；而在中观城镇空间层级中，这个城镇空间就可能包括工业区、住宅区、公园等多种功能属性的空间。同时，由于区域立场视角的不同，同一用地空间也可能具有多种的空间属性。从城市规划的视角来看，城市外围的农田果林是城市的生态空间；但从乡村视角来看，这些农林用地则是生产空间。

3.1.2.3　空间范围的动态性

“三生空间”概念具有高度的概括性，在抽象的空间模型中这三类空间是可以将任何一个对象空间完全填充，且无缝衔接的。而这三类空间又不是一成不变的，会随着城乡的发展而发生相应的变化。如果在一个固定的空间范围中来看，这三类空间就会呈现出一种此消彼长的空间关系。例如由于城市的拓展，城市外围原来的生态空间就会转变为生产或生活空间；又如旧城更新“退二进三”则可能带来生产空间向生活空间的转变。

3.1.2.4　空间用地的异质性

在不同的区域空间范围内，生产、生活、生态空间所包含的用地内容是不同的。在城市区域，生产空间主要是指工业、物流仓储、公用设施、商务、教育科研办公等用地；生活空间主要是指居住及生活服务设施等用地；生态空间主要是指公园、自然保护区及其他非城镇建设用地等。而在农村区域，生产空间主要是指农业生产所涉及的农林用地；生活空间主要是指农村居民点用地；生态空间则是自然保护区、生态林地及其他非建设区域等。

3.1.3　小城镇全域空间的划分原则

3.1.3.1　全域覆盖原则

在对小城镇全域空间进行划分时，要跳出传统规划中国土、城建、环保等多部门不同管理事权范围互相分离、各自独立的分类方式，而应从整体考虑，对小城镇镇域范围内的城镇建设用地、村庄建设用地、山水林田湖草等自然生态用地以及区域设施用地等全域空间进行全覆盖。对空间进行划分后，所有的物质空间都能有相对应的空间类型，防止出现模糊空白地带，而造成认知和理解上的困扰。

3.1.3.2　可操作性原则

空间划分应该在基于现状和发展阶段的基础上，划分出意义相对明确、层次类型清晰的空间类型，便于在实际应用中进行操作。以划分的思维方式为重点，划分结果的具体内容可能随着经济社会的进步而相应出现调整和变化，但划分的方式依旧是可操作、可实施的。

3.1.3.3　多级分类原则

在小城镇全域空间类型的划分过程中，使用多层级的划分方式，并且形成多个类别的分类结构体系。每个层级的空间类别都要覆盖全域空间，不同细化程度的分类只和本研究对空间基本分类“三生空间”有具体的对应关系，不同层级的各个空间类型之间在划分依据、研究维度等方面应一致。

3.1.3.4　与土地相结合原则

为了便于理解和实施，空间划分时应考虑现行的土地分类模式。从以城镇为核心的视角，结合城乡用地分类和镇规划标准，生活空间是城乡居民点建设用地（H1）以及其他建设用地（H9）中的一部分；在镇规划中属于居住用地（R）、公共设施用地（C）、道路广场用地（S）以及工程设施用地（U）中用于生活的部分。生态空间主要是非建设用地（E），在镇规划中属于水域和其他用地（E）和绿地（G）的一部分。生产空间包括其他建设用地（H9）非生活部分、区域交通设施用地（H2）、区域公用设施用地（H3）和采矿用地（H5）等；生产空间在镇规划中属于生产设施用地（M）、仓储用地（W）、对外交通用地（T）以及工程设施用地（U）中用于生产的部分。

3.1.3.5　“对象—功能”分类原则

对空间的解读角度不同，导致对空间的分类和研究方式不同。本研究聚焦空间的功能属性，将空间视作承载某类系统的载体，进而对空间进一步分解细化，化繁为简，便于对空间进行认知与研究。

系统是由相互联系作用的若干部分组成的，是具有特定功能的有机综合体。在农业产业化视角下，由于产业环节的不同、研究主体的不同以及相互作用机制的不同，“三生空间”所包含的具体内容也有所差异。总的来讲，小城镇层面的“三生空间”是其所承载的生产系统、生活系统和生态系统的物质空间组合，最主要的特征是各自服务的对象不同，生产空间是以产品为对象，生活空间是以人为对象，生态空间则以自然环境为对象，因对象的不同，对其需求的考虑则不同，进而产生功能的不同以及空间载体的不同。

3.1.4　小城镇全域空间的结构体系框架设计

基于“对象—功能”的分类原则，根据不同研究对象合理的功能要求，对小城镇全域空间的全域体系框架进行设计。对空间进行分层研究，是为了将农业产业化的影响折射到不同的使用层面。以三生空间表达全域的基本属性，以功能空间表达农业产业化的实现路径，以细分场所表达空间要素的主要特点。实际中的小城镇所蕴含的功能和空间构成形式更为复杂多样，为了便于研究的进行，对空间进行分层次研究时，上下层次之间并不是完全的对应关系。随着空间分层分类的进一步细化，空间要素可能会呈现功能、形态或认知上的共用和不确定性，所以后文在讨论时会以理想化的状态突出其主体特征（图 3-2）。

3.1.4.1　生产空间

生产空间是在一定区域内人们从事生产活动形成特定的功能区域，一般具有专门化、程序化、经营化等特点。农业产业化影响下，小农生产向农业生产系统转变，以农产品从“农田”到“餐桌”的全产业周期各个环节为联系，以所产生的物质交换与能量流动过程的全体要素集合为生产系统，其对应的所有空间场所即为生产空间。生产空间以农业产品为对象，涵盖农业产业链中产前、产中、产后的各个环节所需要的种植、加工、储藏、运输、销售等具体生产步骤的空间载体，以及横向的研发、旅游和产业支撑设施载体等。应对生产空间中不同的环节进行空间的划分。

3.1.4.2　生活空间

生活空间是人们日常生活所处的空间环境，可以满足人的活动使用。生活空间以人为对象主体，应根据小城镇不同人群对空间资源的利用以及其对居住、消费、休憩和社会公共服务的需求，对不同功能的生活空间进行划分。

3.1.4.3　生态空间

生态空间是生物维持自身生存和延续所需要的宏观稳定状态的环境条件，生态空间在维护区域生态环境稳定、健康可持续以及环境保护等方面具有重要作用，是为人们供给生态产品和生态服务的功能区域。生态环境具有不同的保护和利用价值，因使用强度的不同和人的聚居活动的不同又可以有不同的利用方式，可在此原则下对生态空间进行不同层次的划分。

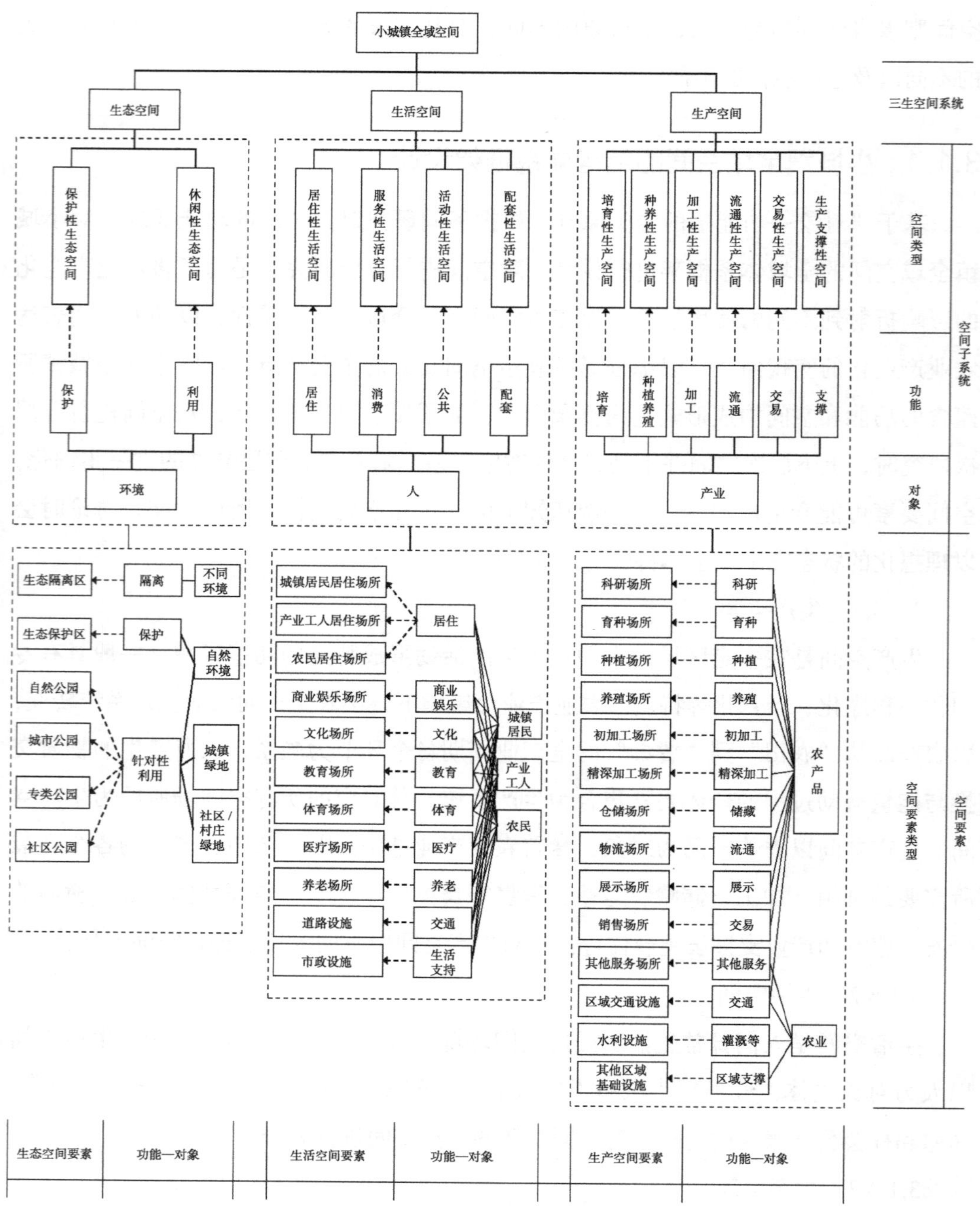

图 3-2　小城镇全域空间结构体系框架

3.2　空间子系统

小城镇作为产业集聚的场所，农业产业化将在全域实现资源要素的分解、重组和衍生，区域资源的重新分配会打破传统的聚集惯性，产业链条各经济环节的空间载体将根据自身的生产供需关系重新排列，产生新的生产空间类型。而新的职住关系会带来新的生活方式，生活空间将围绕生产空间以新的组合模式在区域重新聚集。同时，生态空间作为串联起各部分功能空间的本底和纽带，将在全区域构建出新的生态格局。

“三生空间”是自然和人文要素的综合聚集载体，任何一种空间都不是单独存在的，它是一个复合的整体概念，我们用其承载的主要功能来进行描述，是为了抓住空间的主体特征，以此来研究其形成的原因、发展的规律和变化的趋势。对空间特征的把握，恰是统筹分配区域资源的前提，将资源合理地布局在合适的空间，既能提高资源本身的利用效率，又能形成空间聚集效应而加强资源作用的发挥。

对照前文对“三生空间”特点的总结，本书将新型农业产业化对小城镇发展的影响落实到空间层面，对空间要素进行重新梳理和归纳，提出全新的空间要素内容，进而形成用于指导小城镇规划建设的原则和依据（图 3-3）。

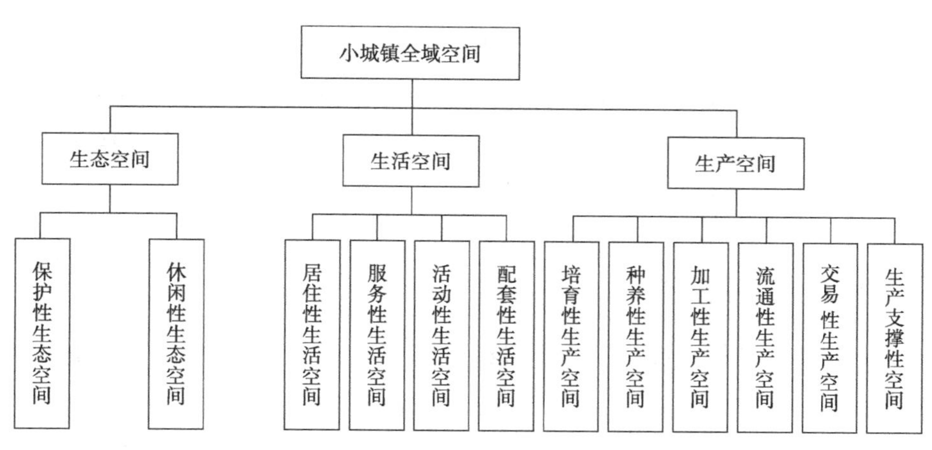

图 3-3　小城镇全域空间子系统

3.2.1　生态空间子系统

生态空间是指在镇域范围内，由山水林田草湖等自然或人工生态资源所占区域共同组成，是具有生态服务与人居保障功能的组合空间。按照对自然环境和生态空间的人工干预程度的不同，以及其生态潜力的不同等，将生态空间分为保护性生态空间和休闲性生态空间。

3.2.1.1　保护性生态空间

在小城镇全域空间中具有保护功能的生态空间，包括区域的生态基质空间、生态斑块空间、生态廊道和生态隔离空间等，是保证区域生态过程完整、发挥生态保护功能、构建生态安全格局的重要空间。保护性生态空间的功能是保持自身生态系统正常运转，并维持城镇生态系统的稳定性，改善城镇生态环境。保护性生态空间对外界环境提供环境调节、生物保育等生态服务功能，或者为城镇内生态环境系统提供物质交换与能量流通的空间，进行生态自愈，调节小气候，防止水环境紊乱等。保护性生态空间属于功能型生态空间，主要的生态要素是湖泊河流等水体、生态林地、山体、天然湿地、天然草地等，可以提供较强的生态服务功能，其内部生态系统的结构较完整，在自然条件下能够稳定发展。

3.2.1.2　休闲性生态空间

休闲性生态空间属于服务型生态空间，主要的生态要素是公园、绿地、园林、植被等。其主体生态功能是为人类提供休闲游憩的场所，使人可以接触到生态环境，并具有美学价值。按照绿地系统分类方式，包括了城市级绿地、社区级绿地、小游园和街头绿地等。休闲性生态空间与自然生态空间相比，其综合生态功能相对较弱，并且生态系统较不稳定，需要进行人工维护。休闲性生态空间将生态空间进行利用和人工改造，在居民的生活范围内，提供一个对自然环境进行模拟的公共性质的开放生态空间。这类生态空间与保护性生态空间相比呈现出小而散、疏而乱的特点，需要经过生态规划把所包含的生态空间要素与城市开放空间连接，提高空间的均质程度，优化提升城市总体生态格局。

3.2.2　生活空间子系统

生活空间指在镇域范围内，为小城镇居民（村民）提供居住服务、生活服务的空间功能系统。按照主体需求的不同可以划分为居住性生活空间、服务性生活空间、活动性生活空间和生活配套性空间。

3.2.2.1　居住性生活空间

居住性生活空间是指城镇居民、农民、产业工人等各类人群日常居住的空间场所，包括城市社区或农村社区、自然村落等各类表现形式。居住性生活空间是具有共同社会认同，或经济收入水平，或特定生活需求的群体，产生社会活动和心理联系的聚居物质空间，从私密性空间向公共性空间连接和过渡。根据社会经济发展水平和产业的发展程度以及产业需求等，居住性生活空间的规模、人口密度和布局等都会有很大的不同。

3.2.2.2　服务性生活空间

服务性生活空间是向居民提供物质和精神生活消费产品及服务的空间场所，其提供的产品、服务用于解决居民生活中的各种需求，包括商业经营性服务和社会公共服务，是服务供给和居民获得服务的主要场所。按照所包含的业态种类可以分为批发零售业、住宿餐饮业、教育、卫生、文化、体育、娱乐以及公共管理和社会组织等各种行业类型。服务性生活空间具有拉动消费、推进经济发展、增加社会就业和提高居住水平质量等诸多作用。

3.2.2.3　活动性生活空间

活动性生活空间主要指公园、广场、绿道、村庄活动中心等各类公共活动空间，是满足居民日常休闲、健身、运动、交往等需求的场所。此类空间不仅满足本地居民的活动，在产业融合的发展趋势下，其功能可以与文化、旅游、传媒等相结合，成为旅游或特殊需求的活动空间。根据不同人群的自身特点和需求，所需要的活动性生活空间种类也有所差异，甚至会出现一些专门性质的活动场所。

3.2.2.4　生活配套性空间

生活配套性空间是指能维持村镇居民正常生活、完整地使用小城镇全域空间各类设施所必须配备的支撑性设施所占用的空间。主要包括小城镇和村庄内部的道路设施以及市政设施、安全设施等。

3.2.3　生产空间子系统

生产空间指在镇域范围内，为提供工业生产和农业生产而形成的各种空间类型，同时还包括服务于生产的其他配套空间。按照“对象—功能”的分类逻辑和产业的生产环节，将生产空间子系统分为培育性生产空间、种养性生产空间、加工性生产空间、流通性生产空间、交易性生产空间和生产支撑性空间 6 种类型。

3.2.3.1　培育性生产空间

对农业产业的产前环节——种苗进行培育，是通过创造遗传变异、改良遗传特性，以培育优良植物新品种的技术。以遗传学为理论基础，并综合应用生态、生理、生化、病理和生物统计等多种学科知识，对发展种植业具有十分深远的意义。培育性生产空间就是对农作物的新品种、新类型或新特性进行培育的各类空间载体的系统性整合。培育性生产空间因其育种技术和育种类型的不同，所需要的具体空间载体也不相同，比如有些培育工作是在田间进行，有些则需要在实验室等。根据具体的产业链条，形成了从种苗基地到具体的培育场所，再由基地进行规模化生产等进入种苗市场，完整的产业链条形成完整的培育性生产空间子系统（图 3-4）。

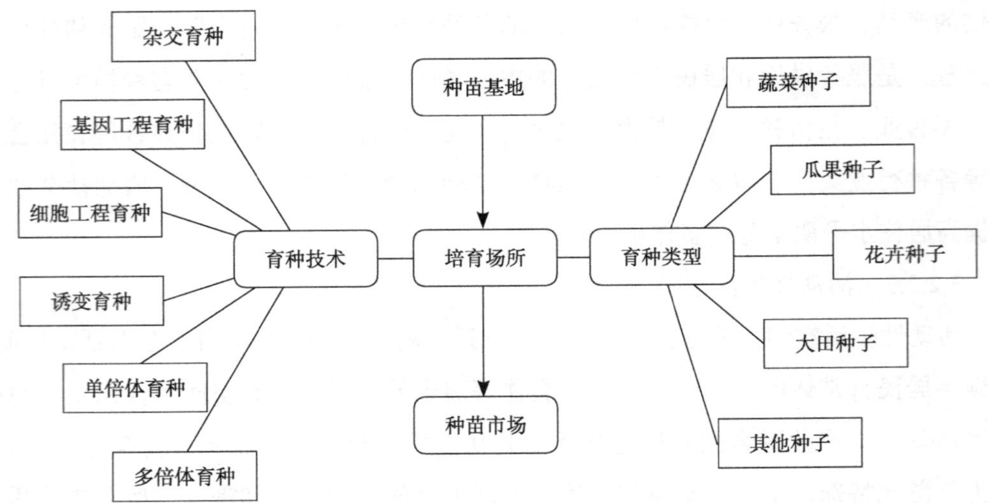

图 3-4　培育性生产空间对应内容示意图

3.2.3.2　种养性生产空间

农作物种植和畜牧养殖是农业的最基本环节，也是我国目前农业生产的最主要方式，占据的空间资源规模较大。从农业价值链来看，这部分的农业产出高出投入的增值部分是比较少的，但技术门槛较低，基本经过简单学习和经验积累即可以掌握其基本的要求。种养性生产空间和农村人口的分布情况基本匹配，除了传统的耕地和分散的圈舍外，随着农业产业化对农业现代化的提升，以及农业产出效率的增长需求，各类设施农业、集中养殖场、高科技生产基地等种养性空间将纷纷出现并逐步推广。这些空间的功能依旧是种植和养殖，只是所呈现的形态、规模、布局等更加多样和完善（图 3-5）。

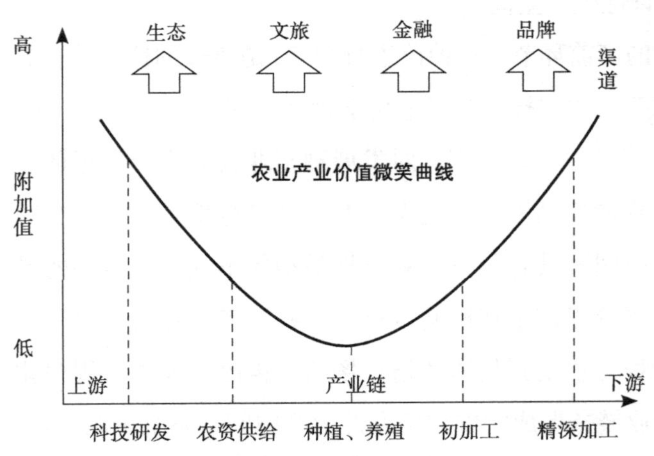

图 3-5　农业产业价值微笑曲线示意图

3.2.3.3　加工性生产空间

农产品加工是指以农、林、牧、渔产品及其加工品为原料所进行的工业生产活动，其本质是属于工业。农业产业化小城镇中的加工性生产空间是以农业产品为原料和基础进行涉农生产的设施场所。加工性生产空间随着产出产品由简易、基础向复杂、困难的逐步升级，其专业程度和复合程度也逐步提升，并呈现由劳动力密集型空间向技术密集型空间进行转变。

3.2.3.4　流通性生产空间

在农业产业链的每个环节中，都伴随着流通的需求。流通性生产空间既可以是独立的仓储物流场所，也可以是依附于其他生产环节所需要的流通性空间，这些空间场所的主要功能就是物质的流通。

3.2.3.5　交易性生产空间

交易性生产空间是农业产业末端环节所需要的空间载体，由于交易产品的类型和规模不同，其空间的表现形式不同。比如信息化程度极高的国际贸易交易所和基础性的农产品批发市场，两者呈现出巨大的差异，但其核心功能是一致的。

3.2.3.6　生产支撑性空间

任何农业生产活动都不是孤立存在的，需要大量的区域设施，如交通、灌溉、能源、环卫等进行全面的支撑，才能顺利完成，其所占用的空间即为生产支撑性空间。

3.2.4　空间关系矩阵

根据各类空间的功能属性与特征，得出每类空间与其他类空间之间所呈现出的可能性关系，形成空间关系矩阵表如表 3-1 所示。

空间关系矩阵表　　表 3-1

	1	2	3	4	5	6	7	8	9	10	11	12
1	—	*f\g\h*	*h*	*h*	*h*	*h*	*g\h*	*c\g\h*	*a\c*	*c\h*	*h*	*e\h*
2	—	—	*b\d\g*	*b\d\g*	*b\d\g*	*e\h*	*e\g*	*c\d\g\h*	*a\c*	*c\e\h*	*e\g*	*c\h*
3	—	—	—	*b\d*	*b\d\g*	*f\g*	*e\g*	*c\e\g\h*	*a\c\h*	*c\h*	*e\g*	*c\h*
4	—	—	—	—	*d\g*	*d\f\g*	*e*	*c\e*	*c\g\h*	*e\g*	*e\g*	*c\h*
5	—	—	—	—	—	*e\f\g*	*e*	*e\g\h*	*c\h*	*e\h*	*e\g*	*c\h*
6	—	—	—	—	—	—	*e\g*	*e*	*e*	*e*	*e\g*	*d\e\g*
7	—	—	—	—	—	—	—	*b\d\f\g*	*e*	*b\f\g*	*e\f\g*	*d\e\f*

续表

	1	2	3	4	5	6	7	8	9	10	11	12
8	—	—	—	—	—	—	—	—	*b**c**e**f*	*b**d**f**g*	*e**f**g*	*b**d**f*
9	—	—	—	—	—	—	—	—	—	*b**d**f**g*	*f**g**h*	*f**g*
10	—	—	—	—		—	—	—	—	—	*b**d**f*	*b**d**f*
11	—	—	—	—	—	—	—	—	—	—	—	*e**g*
12	—	—	—	—	—	—	—	—	—	—	—	—

注：空间类型：1—保护性生态空间；2—休闲性生态空间；3—居住性生活空间；4—服务性生活空间；5—活动性生活空间；6—生活配套性空间；7—培育性生产空间；8—种养性生产空间；9—加工性生产空间；10—流通性生产空间；11—交易性生产空间；12—生产支撑性空间。

相互关系：*a*—排斥、*b*—吸引、*c*—隔离、*d*—融合、*e*—中立、*f*—链接、*g*—相近、*h*—相离。

3.3 空间要素

通过对功能空间的界定和分类，我们可以更为明晰地了解农业产业化的各经济环节的需求和联系。为了实现这些功能空间正常运转，需要对其所包含的空间要素进行进一步划分，作为小城镇全域空间研究的最小单元。这些空间要素的内涵是具有某种功能特性的一类场所或设施，一方面可以和传统的土地利用用地分类和城乡规划用地标准进行匹配，为此类型地域空间的规划提供指导，融入现行规划体系；另一方面可以综合地对其物质的实质环境、人在其中的活动行为以及其所呈现的意象感知进行研究和剖析，进而可以考量各类影响因素的作用机制。各类空间要素进一步通过功能性联系，而产生融合、集聚、扩展、离散等多种分布方式，形成新的空间组织形式（图 3-6、图 3-7）。

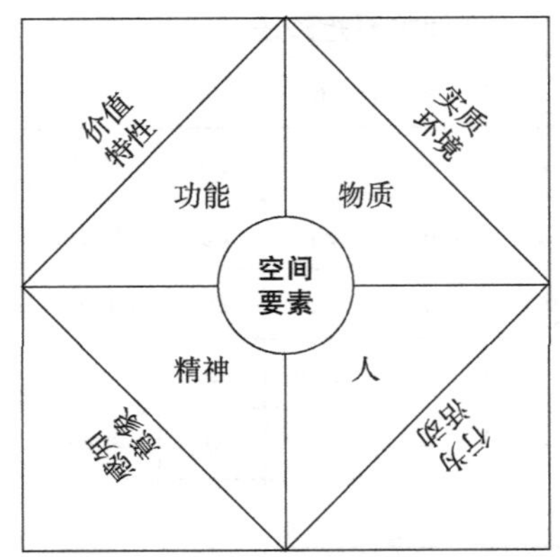

图 3-6　空间要素的研究对象及表现形式

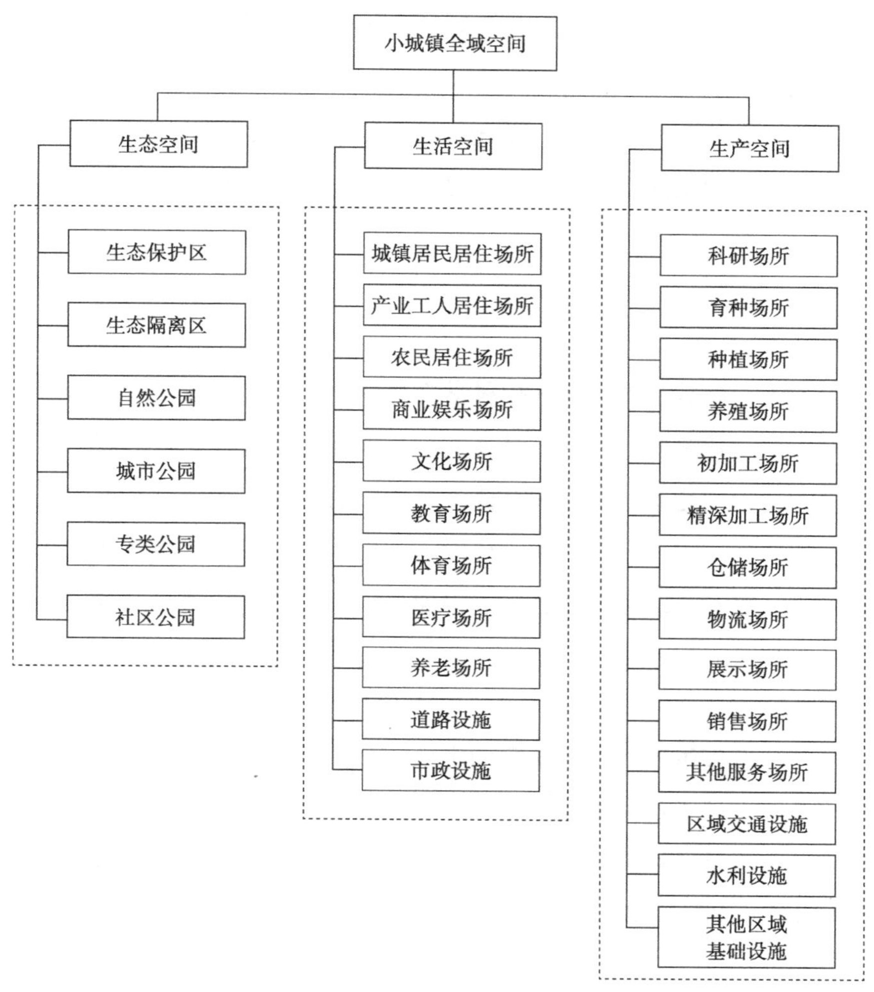

图 3-7　小城镇全域空间的空间要素组成

3.3.1　生态空间要素

根据生态空间各自功能特性的不同以及对其利用和保护的形式的不同，将生态空间要素分为生态保护区、生态隔离区、自然公园、城市公园、专类公园、社区公园共 6 种类型。

3.3.1.1　生态区类

1. 生态保护区

生态保护区是具有水源涵养、水土保持、维护生物多样性、减少自然灾害等生态保护功能的自然生态系统场所，由山水林草等天然环境构成，应避免人类活动扰动，是生态安全屏障和动植物友好的生存与活动空间。生态保护区主要包括国家级和地方级自然保护区的核心区和缓冲区以及各类生态功能保护区等。生态保护区作为自然本底，对于保障农业生产安全、构建生态安全格局具有限制性作用。

2. 生态隔离区

生态隔离区是出于改善环境，保护生态、农业、自然空间等，防止干扰和污染，由绿地植被等构成的空间场所。包括满足卫生、隔离和安全要求的防护绿地和自然地物等。

3.3.1.2 公园类

1. 自然公园

供人们游览、观赏、休息和进行科学文化活动的自然环境场所，由山水林草等天然环境和历史文化名胜等构成，具有一定规模和游览条件，是人类感知自然、学习自然和提升精神文化水平的空间载体。其特点为自然形成的而非人工打造，并长期处于自然状态和历史原貌，形态特征以连片成规模的较大地域范畴为主。自然公园主要包括国家级和省级风景名胜区、国家公园、自然保护区实验区以及各类以自然环境为主体的旅游区等。

2. 城市公园

城市公园是城市生态和景观系统的组成部分，是满足居民休憩、游览、交往等各类需求以及举办各类活动的场所。城市公园主要服务于城镇居民，达到一定规模和接纳能力，是由自然环境和人工环境共同构成的综合性的公共开放空间，是城镇内最主要的公共空间，承载着文化传播和精神文明教育、传承人文底蕴的重要作用。

3. 专类公园

专类公园是指具有特定某一主要功能的，作为自然观赏和公众休息游玩的公共场所。如动物园、植物园、儿童公园和体育公园等，强调其功能特性，满足不同类型人群的游憩、教育、活动和休闲的需求。

4. 社区公园

社区公园是指在以居住为主要功能的区域，为一定范围内的居民服务的，由绿地和活动设施组成的人工环境活动场所。社区公园一般规模较小、功能较为简单，但使用率较高，虽不会独立存在，却是日常休憩和交往的主要公共空间。

3.3.2 生活空间要素

3.3.2.1 场所类

1. 城镇居民居住场所

城镇居民指在小城镇镇区内长期居住生活但并不从事农业生产的居民，这个群体的居住场所即为城镇居民居住场所。

2. 产业工人居住场所

农业产业化导致生产方式的改变，其中一部分生产主体既不是传统的以家庭为单元的农业生产者，也不是零散无组织的进城务工人员，而是由农业龙头企业根据自身产业需求所聘用的固定产业工人。这部分人群与企业拥有着深刻的联系，其居住场所可能以宿舍化或园区化的方式存在，根据工种不同可能邻近于城镇或是农田等，是一种可以单独考虑的空间要素类型。

3. 农民居住场所

从事农业活动并未进行城镇化的农民的居住场所，主要是农民的宅基地之上的住宅及附属设施的空间场所。

4. 商业娱乐场所

各类商业经营活动、娱乐康体活动的空间场所，包括零售商业、商业服务、餐饮、娱乐、旅店、生活服务等业态，属于生活性服务业的空间载体。

5. 文化场所

包括特色文化的展示、传播、教育和体验设施，如博物馆、展览馆等，以及满足居民日常文化需求的公共文化设施，如图书馆、文化活动中心、村史馆等。

6. 教育场所

主要指义务教育阶段的小学、中学，有条件的还包括高中、职业学校、技工学校等教育设施所在的场所。

7. 体育场所

包括室内外体育运动场地，如小型的运动场馆、室外运动场、健身活动的场所等。以硬化广场为主，可以方便居民日常使用的公共开敞空间也归入此类。

8. 医疗场所

主要指医疗卫生、保健防疫、康复休养和特殊医疗功能的设施，包括镇卫生院、社区卫生服务中心、村医务室等各类医疗场所。

9. 养老场所

专门为老人服务的各类场所，包括敬老院、托老所、居家养老服务中心等，将一些社会福利机构也归入此类。

3.3.2.2　设施类

1. 道路设施

主要指为居民日常出行服务的非区域性道路，包括镇区内道路、村内道路和与区域交通设施连接的路段。

2. 市政设施

为保障居民正常生活所需要的供水、供电、供能、供热、通信、排水、雨水、环卫、安全等市政设施。

3.3.3 生产空间要素

农业产业化带来生产方式的改变，农业产业链条由一产向二、三产延伸，农业种养向生产加工、交通物流、销售、金融、网络等各个环节扩展，生产空间要素由单一转向复杂多样。生产空间要素的几种或一种，组合成了某类生产功能子系统，组合方式的不同呈现出的综合功能属性也各有差异。对于生产空间要素而言，它所承载的主要功能特性是一定的，但呈现出的物质空间形态受到外部影响因素的综合作用而有所不同。不同生产空间要素受到不同因素影响的作用程度和主次关系也不相同，它们相互制约、共同作用而达到一定动态平衡。通过对农业产业化产业环节不同功能的拆解，将生产空间要素划分为农业科研场所、育种场所、种植场所、养殖场所、初加工场所、精深加工场所、仓储场所、物流场所、展示场所、销售场所、其他服务场所、区域交通设施、水利设施、其他区域基础设施共 14 类。

3.3.3.1　场所类

1. 农业科研场所

农业科研场所是用于进行农业生产、农产品加工、农业支撑技术等方面的科学研究场所，是农业科技人员、农业生产人员和相关管理人员等从事研发、中试、观察、培训所需要的物质空间载体和完整的功能支持空间。包括实验作物的各种种植场地、牲畜养殖场地、实验室、设备室、车间、办公场所和隔离场所等。狭义的农业科研主要是针对一产的培育生产环节，广义的农业科研可以延伸到农业二产和农业产业服务的各个环节。农业科研场所的空间形态受其具体研究内容影响，其布局特点主要受功能需求和产业人员特征影响，如科研类院校资源的吸引、实验基地的便利性要求以及科研人员对生活要素和生态要素的综合需求等。

2. 育种场所

对各类作物种苗进行培育，以获得高产、稳产、优质、高效品种的场所。育种包括杂交育种这类常规育种方式，以及非常规的诱变育种、分子育种和离体培养等。前者往往是以苗圃或试验田的形式，后者则可以与农业科研场所归为一类，是通过实验室进行作业。育种场所的布局特点分为两种，一种为政府和企业等生产主体的需求，用以提高作物品质，这类育种场所和主体需求相关；另一种是直接以育种为产业，在适宜的环境进行规模化培育。

3. 种植场所

对各类农作物、林木、果树、药材和观赏作物进行栽培的自然或人工场所，可以为粮食作物、经济作物、蔬菜作物、饲料作物等提供其生长发育所需的土壤、光照、水分、营养物质等条件，并且环境适宜的空间。其表现形式主要为耕地、林地、草地等自然场地和大棚、阳光温室等设施农业场地，其形态和布局主要受自然环境条件、人口布局情况等因素的影响。其中永久基本农田一经划定，任何情况下都不可以改变其土地性质或挪作他用。

4. 养殖场所

对家畜、家禽、水产品和其他特殊生物进行培育和繁殖的场所，包括圈养、放牧或二者结合的方式。我国目前在很多区域都实行了禁止放牧和禁养政策，划定了禁养区范围，同时鼓励牲畜养殖和加工企业推行"规模养殖、集中屠宰、冷链运输、冷鲜上市"模式，就近屠宰加工，建设冷链物流体系，减少运输以降低疫病的传播几率。规模化养殖场主要由畜禽棚舍、饲（草）料房、饲料加工房、消毒设施、防疫设施和市政设施组成，建设规模按照各地具体要求确定。由于养殖场所有卫生隔离、环保、避免干扰等方面的要求，所以在布局选址时相对独立，与大部分其他空间要素都是相斥和分隔的关系。

5. 初加工场所

对农产品进行不涉及改变农产品基本自然性状和化学性状的加工场所，因农产品的不同，其对应的初级加工的方式和流程不同，所需要的场所设施不同。主要的农产品初加工包括清洗、切割、剥壳、分拣、屠宰、冷冻、干燥、压榨、分级、简单包装等。由于初加工不涉及复杂的工业工艺，尤其是基本是通过物理手段而非化工技术措施，很少会造成环境污染，适宜性强。由于农产品初加工是直接依托于农产品，是提高农产品价值、惠及农民的有效手段，所以其布局与产地、农村居住点等有紧密的关系。另一方面，受到所在农业经济区位和市场需求的影响，应根据不同的农业产业化途径对初加工的需求规模以及农产品的自身属性，确定这一要素的空间布局模式。

6. 精深加工场所

对农业产品进行深度加工的场所。这类场所的工业属性已经大于农业属性，是对农业资源的高效化利用，实现农产品更高附加值的工业设施场所。常见的精深加工种类包括食品加工、成分提取、制剂制作、功能性产品生产以及后续的包装等。精深加工场所对劳动力、技术水平和产业支撑设施要求较高，其选址布局需要向这些要素进行集聚，进而获得较高的生产效率。但出于对综合成本、环保要求的考虑等，该类场所与其他相关的几类空间要素会产生排斥关系。

7. 仓储场所

对农业产业化各个环节的农产品及延伸品提供储存、保管的场所，体现中长期和静态的特点。其形态和布局主要受其相应环节的需求影响，仓储场所在产业链条和物流环节中起到节点的作用。

8. 物流场所

物流场所是指在供应地和接受地之间，实现对生产资料、生活用品、农业产品以及其他实物进行运输、短期储存、包装、配送等各项功能有机结合过程的空间场所。农业产业化每个环节之间都有物流的需求，在某些对农产品新鲜度要求较高的农业产业化模式中，物流及其空间的布局可以起到决定性作用。

9. 展示场所

展示场所是把需要展示的内容通过形、色、空间等视觉感受、语言及其他感官辅助综合地进行展示的场所，从而实现商品或展品与参观者的交流。除了其商业功能之外，展示场所还有文化传播、知识传输、社会交往等社会功能。展示场所的布局受交通区位、人口分布、经济联系等因素影响较大，而其本身的属性对其他空间要素具有吸引和集聚作用。

10. 销售场所

提供金钱、商品、服务等交换和交易以满足双方各自需求的场所。其形态和布局主要受主体需求和市场需求的影响，常见的销售场所包括集市、市场、商超、展会等。

11. 其他服务场所

主要指农业生产性服务场所。农业生产性服务业贯穿农业产业全过程，对农业的产前、产中、产后各个环节产生直接或协助的社会化服务，包括生产经营过程中间服务、人力资本服务、品牌营销服务、金融财务服务、信息传递服务等业态方式。

3.3.3.2　设施类

1. 区域交通设施

为农业产业的高效合理运转提供交通支撑的设施，包括公路、铁路、机场、港口码头的线路和场站等。区域交通设施对其他各类空间要素都有不同程度的影响，其自身的布局结构往往和全域的空间结构形成较强关联性。区域交通设施除了对空间产生连接和切割的作用，其可达性也是影响空间布局的关键，是否可达会产生相反的结果。

2. 水利设施

主要指农田水利设施，包括灌溉、排水、除涝和防灾等为农田服务的水利设施。常见的农田水利设施有水库、坝塘、水渠、管道、灌排工程、闸门等，主要目的是根据农田分布情况对其水分状况进行调节、改良土壤、防灾减灾和提高资源利用效率等。

3. 其他区域基础设施

为保障一定区域内经济社会活动正常运行的基本的物质工程设施，包括区域性能源设施、水工设施、通信设施、殡葬设施、环卫设施、排水设施等。一般是由更高层级的垂直系统统筹安排，在小城镇层面对此类设施应采取隔离和保护。

3.3.4　空间要素特性

根据农业产业化下的小城镇全域空间要素的分类，从开放性、人工性、集中度、与农业产业化关联性和人活动的规律几个方面对其空间要素特性分别进行描述，见表 3-2。这些空间要素所承载的功能和自身的基本特性，将对研究其与农业产业化的耦合关系具有指导意义，也为最终构建空间结构模型提供依据。

空间要素特性一览表　　表 3-2

类别		空间要素	开放性	人工性	集中度	关联性	活动
生态空间	1	生态保护区	部分开放	自然的	分散	低	无
	2	生态隔离区	封闭	自然的	分散	低	无
	3	自然公园	完全开放	自然的	分散	中	波动的
	4	城市公园	完全开放	半自然	分散	低	波动的
	5	专类公园	完全开放	半自然	分散	低	波动的
	6	社区公园	完全开放	半自然	分散	低	规律的
生活空间	7	城镇居民居住场所	部分开放	人工的	均匀	中	规律的
	8	产业工人居住场所	部分开放	人工的	集中	高	规律的
	9	农民居住场所	封闭	人工的	均匀	高	规律的
	10	商业娱乐场所	完全开放	人工的	集中	低	波动的
	11	文化场所	完全开放	人工的	均匀	低	波动的

续表

类别		空间要素	开放性	人工性	集中度	关联性	活动
生活空间	12	教育场所	部分开放	人工的	均匀	低	规律的
	13	体育场所	完全开放	人工的	均匀	低	波动的
	14	医疗场所	部分开放	人工的	均匀	低	波动的
	15	养老场所	封闭	人工的	均匀	低	波动的
	16	道路设施	完全开放	人工的	均匀	中	规律的
	17	市政设施	封闭	人工的	均匀	中	无
生产空间	18	农业科研场所	封闭	人工的	集中	高	规律的
	19	育种场所	封闭	半自然	集中	高	规律的
	20	种植场所	部分开放	自然的	分散	高	规律的
	21	养殖场所	部分开放	人工的	集中	高	规律的
	22	初加工场所	封闭	人工的	均匀	高	规律的
	23	精深加工场所	封闭	人工的	集中	高	规律的
	24	仓储场所	封闭	人工的	均匀	高	波动的
	25	物流场所	部分开放	人工的	均匀	高	波动的
	26	展示场所	完全开放	人工的	集中	高	波动的
	27	销售场所	完全开放	人工的	集中	高	波动的
	28	其他服务场所	部分开放	人工的	均匀	高	规律的
	29	区域交通设施	完全开放	人工的	分散	高	波动的
	30	水利设施	封闭	人工的	分散	高	无
	31	其他区域基础设施	封闭	人工的	分散	中	无

第 4 章　基于产城乡一体化的空间耦合关系研究

4.1　耦合关系及小城镇全域空间结构研究框架

4.1.1　耦合关系研究框架

农业产业化和小城镇全域空间耦合关系十分复杂，要分别对影响两者的动力因素和作用机制进行研究，进而得出高度协调的农业产业与小城镇全域空间的耦合形式。农业产业化发展和小城镇发展同步进行、交替前进，产业结构和空间要素之间由不协调甚至冲突状态，逐步演化至高度耦合、高效融合的状态。这其中既有两者之间互相制约和推动的作用机制，也有内外部动力的影响，是两个系统之间相互依赖、相互协调、相互促进以至联合的现象，也是一个动态联系的复杂过程（图 4-1）。

4.1.2　小城镇全域空间推演流程

小城镇全域空间结构形态及其演变是一个漫长的过程，是一个持续变化的动态单元。当镇村结构形态到达一个相对的稳定状态时，与之相对应就会表现出一定的空间特征。同时各影响因素又是处在不断的转化演变之中，在这个高度复杂的系统里，每个制约因子都在承担该系统的存亡与运动方向的责任，因此与其联系的空间特征在小城镇各个时期的表现也不是均质的，是随着影响因素的强弱变化而表现的，从而引起了小城镇全域空间结构形态的演变。在农业产业化和小城镇全域空间高度耦合状态下，各空间要素之间形成了不同的组合形式，并呈现出不同特点的空间结构。这些空间组合结构综合了空间功能和形态的属性与需求，对进一步研究小城镇全域空间模型以及不同农业产业化模式下的国土空间规划等都具有参考意义。本书通过在中微观层面对单一因素或局部范围内空间要素作用进行研究，得出基本的空间组合形式，结合农业产业化的发展路径和模式，给出不同类型的小城镇全域空间结构模型（图 4-2）。

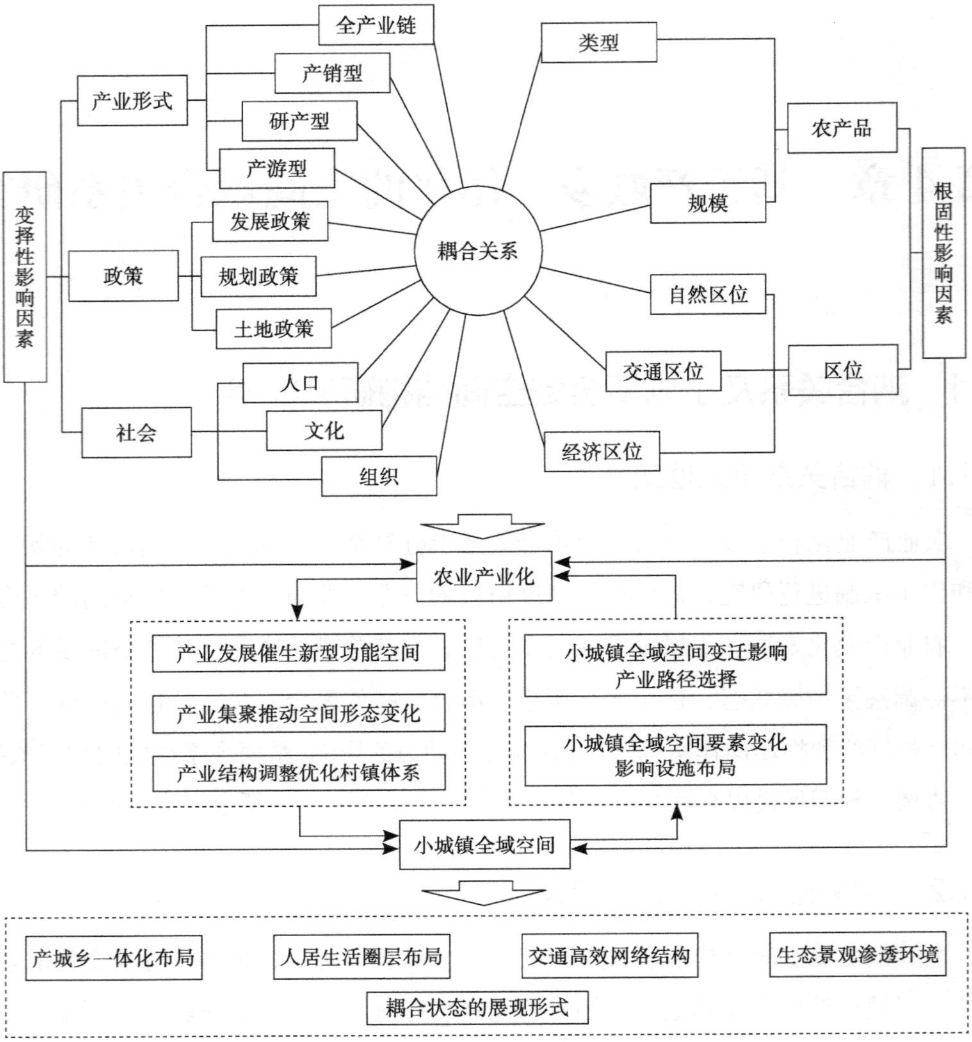

全产业链
产销型
研产型
产游型
产业形式
发展政策
规划政策
土地政策
政策
人口
文化
组织
社会
变择性影响因素
耦合关系
类型
农产品
规模
自然区位
交通区位
区位
经济区位
根固性影响因素
农业产业化
产业发展催生新型功能空间
产业集聚推动空间形态变化
产业结构调整优化村镇体系
小城镇全域空间变迁影响产业路径选择
小城镇全域空间要素变化影响设施布局
小城镇全域空间
产城乡一体化布局
人居生活圈层布局
交通高效网络结构
生态景观渗透环境
耦合状态的展现形式

图 4-1 耦合关系的影响因素及展现形式

小城镇全域空间
空间系统
空间要素
农业产业化
特征变化
发展模式
耦合关系
影响因素
作用机制
展现形式
组合结构
空间模型

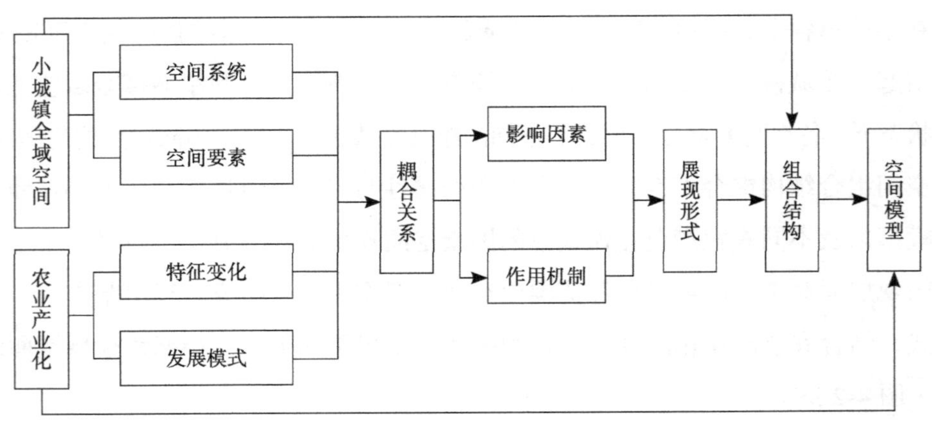

图 4-2 空间模型的推演流程

4.2　农业产业化与小城镇全域空间耦合关系的影响因素

农业的发展是人类文明不断前进的基石和代表，农业作为古老的生产方式，在诞生的一刻起就自然地受到多种影响因素综合作用，并随着生产方式的不断进化，其布局和结构也逐步优化。农业产业化更是把传统农业同市场紧密联系，通过不同的组织机构模式，引入经济效益优先的经营理念，把更多的因素加入其中。由产到居，由村到城，小城镇全域空间的演化也经历了诸多阶段，内外多种力量共同作用于空间布局和结构之中。所以无论是农业产业发展，还是小城镇全域空间的发展，都不是任何一个单一的因素影响所致。为了便于研究，本书选取了对农业产业和小城镇全域空间有共同影响作用的几类关键影响因素来研究农业产业化与小城镇全域空间的耦合关系。从事物的发展规律和先决性条件出发，影响因素分为基础性和相对固定的根固性影响因素，以及人工干预性强且变化频率高的变择性影响因素。这两大因素产生不同的发展动力，并互相绞合渗透，合力推动农业产业和小城镇全域空间耦合关系进程。

4.2.1　根固性影响因素

任何客观事物的呈现方式和形态，都有根固性影响因素的存在，它是一种具有源头性和不可干预性特征的因素，就如同基因对生命体特征的影响一样，是几乎无法改变，但同时又有决定作用的。如果对根固性影响因素一直追本溯源下去,所涉及的层级过多，范畴过大，会弱化之间的关联性，所以在进行这方面影响因素的研究时，会限定在一定时期和专业领域内。综合选择原则与农业产业化和小城镇全域空间之间的联系，本研究所涉及的根固性影响因素分为农产品和区位两大方面，其中农产品进一步分为类型和规模两种因素，区位分为自然区位、交通区位和经济区位三种因素，如图 4-3 所示。

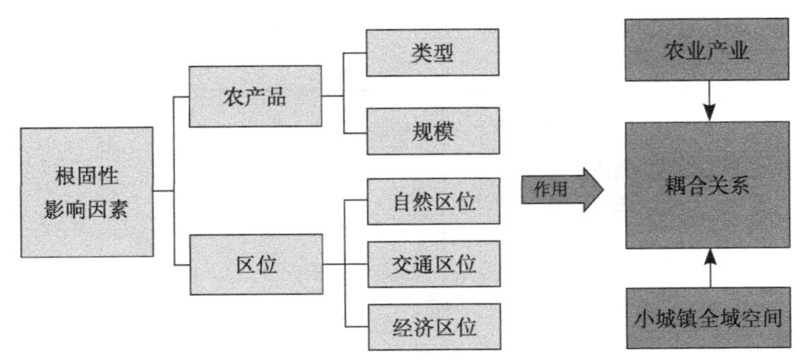

图 4-3　根固性影响因素内容框架

4.2.1.1　农产品影响因素

选取农产品作为根固性影响因素，是因为它已经综合了多种稳定的影响因素，是一定时期内一种结果趋势的呈现。农产品的类型和布局直接影响了农业产业化的途径和方式，也对小城镇全域空间的布局结构起到限制性作用。

1. 农产品类型

按照传统的农业分类方式，初级农产品共分为种植业、畜牧业、渔业、林业和其他植物几大类。其中，种植业包括烟叶、毛茶、食用菌、瓜、果蔬菜、花卉、苗木、药材、粮油作物等；畜牧业包括动物生皮、禽、兽毛、活牲畜、光禽、鲜蛋、动物自身附属产品等；渔业包括淡水产品、海水产品、滩涂养殖产品等；林业包括原木、原竹、生漆、树脂、林业副产品等；以及棉花、麻、柳条等其他植物产品。

按照这种分类思路，无法得出对农业产业和小城镇全域空间较为清晰的影响逻辑，故采用农产品稳定性对农产品类型进行描述。农产品稳定性主要有两层意义，一个是指农产品产出的稳定性，即生产出固定品类的农产品的难易程度；另一方面是指农产品产后环境的稳定程度，是对其储藏要求和能力的考量。如常见的粮油作物，其生产方式和对环境条件的要求较低，无论是生产过程还是运输过程都较为简单，属于稳定性较高的农产品。生产时令的稳定性可以分出较为明确的农忙和农闲时期，直接影响到剩余劳动力的比例。运输和储藏的稳定性对农业产业延伸也产生直接影响，进而影响到所需要的生产环节和设施，以及小城镇的用地和空间布局。

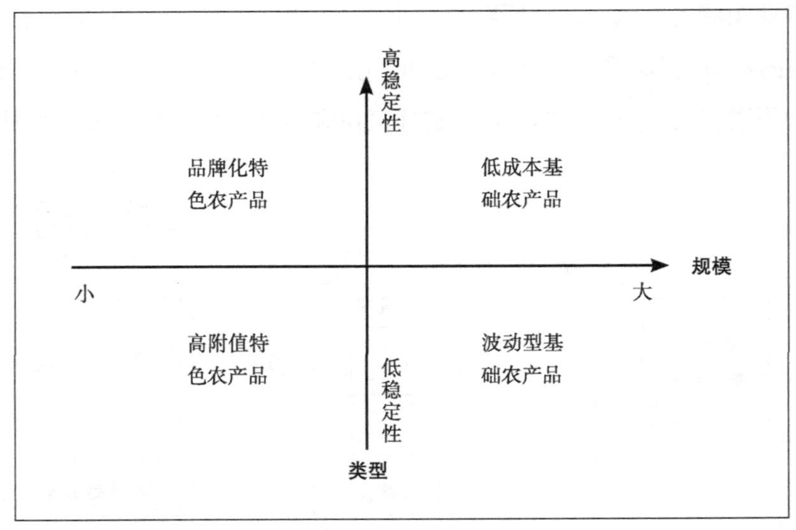

图 4-4　农产品不同特性分化示意图

2. 农产品规模

农产品的规模决定了其未来产业发展的方向和可能性，只有到达一定的规模程度，才有可能形成或吸引相关龙头企业进行规模化经营，才能参与到不同级别的市场竞争，甚至影响品牌的成型。

4.2.1.2　区位影响因素

区位不仅仅是指事物所处的位置，还包括了布局、分布、位置关系等方面的含义，是事物本身和其他事物在空间上的联系。农业产业化中的各个环节和小城镇的形成发展都必须有确切的空间位置，也无法离开与其他事物的联系，这种联系可以分为三个方面：一是与自然环境之间的联系，二是与大的交通网络之间的联系，三是与社会经济环境的联系。分析农业产业和小城镇全域空间的形成和发展规律，要从作用于两者的自然、交通和经济三大区位因素着手，进行综合考虑。

1. 自然区位

自然区位是指一个地区的地形地貌条件、气候条件、水文条件、土壤条件、植被条件等自然地理条件，是长期稳定存在的因素，几乎不受人工干预而产生变化。自然区位自人类文明诞生以来，就深切地影响着人类的聚居和生产方式，良好的自然区位条件是小城镇发展的基础，也对其形态和布局有决定性作用。自然区位条件也是农业现状的形成原因之一，热量、光照、降水、季风等是影响农作物分布与农业发展的最重要气候因素。山地的自然条件产生了农产品的垂直分异，土壤的不同酸碱度和微量元素等生长基质的不同也孕育出多种多样的农业作物。动植物生长发育所需的气候条件各异，气候条件分布地域性差异明显。自然区位条件的改变影响了农业的兴旺和衰落，也使得小城镇空间进行变迁和消存，自然禀赋之间的不同，也造就了各类特色的产城发展模式。随着生产方式的多样化以及生产效率的提升，自然因素对农业的限制减弱，但也产生了新的关系模式。如原始社会会紧邻河湖等自然水体，用以解决饮水和灌溉等需求，但洪水等自然灾害的发生以及工业化进程水污染等问题的出现，其产生的斥力已经大于了原始的引力，使得人类发展与河湖等自然水体保持适当的距离。

地形地貌是长期地质作用下形成的阶段性的人类活动基底，最早期的城市与村落的选址和长期以来的发展方向、发展方式等都受地形位置的影响。例如在河流两岸、河流交汇处、冲积平原、盆地、海滨等地区，都是容易聚集人口产生大型城市的地区。而在镇、村这一层级，除了本身受到地形地貌的直接影响，很多是因为现有农业布局的形成，为了便于农业生产而产生了小城镇。在不同的地形、地貌和地质条件下，土地利用的强度和价值也不同，有效集约地利用土地资源，使土地使用性质及其可能发生的相应活动贴近其应有的土地价值和用地规律，可以避免土地资源的浪费从而产生合理的城市布局。地形地貌对农业产业化所需要的水利、电力、道路等产业支撑设施以及城镇村的给水排水、能源供应、防灾避灾等基础设施等也有重要的制约作用。

宽广平坦且海拔较低的平原地区，交通方便，易于建设，有利于人们生产生活，所以平原地区的小城镇数量众多且密度较大，并且更容易形成农作物的规模生产基地。优越的耕作条件会比较适合大范围开展现代农业，实现农业的机械化耕作和规模化运营。而由山岭、高原环绕所形成的盆地或云贵地区小规模的坝子，其本身存在与平原类似的地势平坦的优势，并且由于山岭的围合可以阻隔灾害性的风沙和冷空气等，适宜农业生产。但与此同时，由于气流运行缓慢容易造成颗粒污染物的堆积，城镇功能尤其是工业企业不易于规模集聚，会造成污染和积温现象。暖湿气流在迎风坡上升，会产生较多雨水，一方面有利于农业生产，但也容易造成泥石流、山体滑坡等地质灾害，这些现象的综合作用对农业和小城镇的布局产生影响。山地丘陵地区，地势较为崎岖，地形起伏缺少适宜的城市建设空间，所以难以产生较大规模的城市聚集区。山体因高差的原因，气温变化较快，使农作物分布垂直化、多样化，不利于耕地但有益于林业和畜牧业的发展。山地丘陵地区的小城镇分布较为分散，规模较小，一般是沿着山谷、河谷、相对低洼地区和缓坡等地区进行分布，呈现星罗棋布的布局特点。对比我国整体地形地貌特点、人口布局情况和耕地布局情况，可以很明显地看出其间的关联情况。

2. 交通区位

交通区位是空间研究中重要的线性要素，在宏观尺度上它是点与点之间的直接联系，在中微观尺度上，它是具有强吸引力的功能空间。交通区位是地理因素赋予交通特殊优势的人类活动区域的总称，它是交通现象在地理上的高发场所。随着交通条件的变化，原始的小城镇布局形态也随之演化。处于主要交通线路上的小城镇和村庄首先得到发展，规模日益壮大，资源的交流日益频繁，形成了不同等级规模的小城镇布局形式。在微观层面上，小城镇具有沿交通干道呈轴线式发展的特征，其街坊布局与交通网络依附而生。在宏观层面上，村镇所依附的交通线路在更大范围的交通网络中等级越高，越容易获取更多发展资源，自身规模和实力会不断壮大。而远离交通网络的小城镇则难以进入更高的市场层级中，若没有独特的资源禀赋，其规模会日益萎缩。

3. 经济区位

经济区位是指地理范畴上的经济增长带或经济增长点及其辐射范围。区位是资本、技术和其他经济要素高度积聚的地区，也是经济快速发展的地区。小城镇处于经济集群的位置，决定其产业的发展方向和产业结构。经济区位是不同产业类型和城市联合体叠加而成的，有些区位特征明显，如城市群、粮食主产区等，有些产业之间则是存在隐性的区位联系，如新兴的大数据产业集群对电力稳定性的需求。经济区位是小城镇所在大环境的综合体现，根据所处位置是在核心圈层还是扩展圈层或者多个不同经济区的叠加地带，来综合考虑产业和空间的发展方向。

4.2.2　变择性影响因素

变择性影响因素是动态的、人为的、可变的和具有选择性的影响因素，在特定的环境条件下，采取不同措施产生的影响对发展的态势都要很大的改变作用。根据农业产业化和小城镇全域空间耦合关系的关联性，选取产业形式、政策和社会三个方面的影响因素进行分析（图 4-5）。

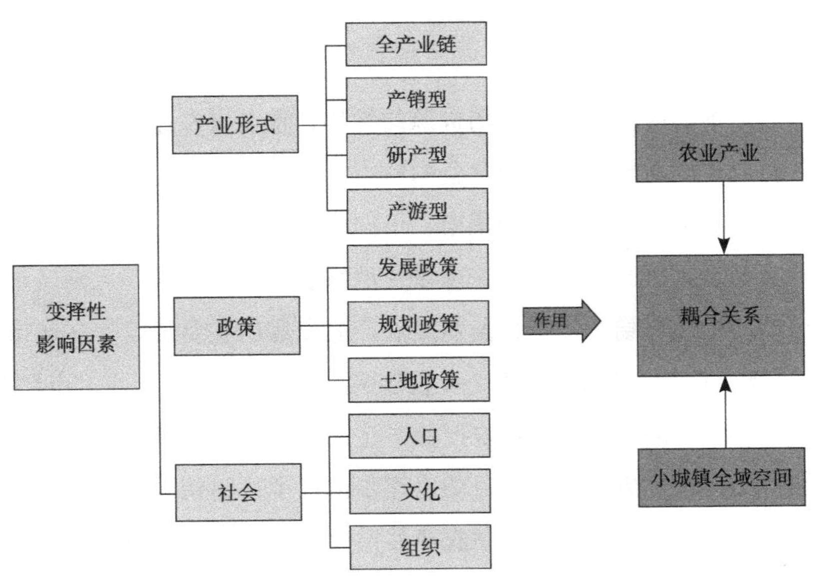

图 4-5　变择性影响因素内容框架

4.2.2.1　产业形式影响因素

对农业产业化具体产业形式的选择会对小城镇空间的布局产生不同的结果，因为农业产业化是对涉农产业的概括，其包含的产业形式和内容丰富多样，产业结构的侧重点不同，所需要的空间资源不同。常见的农业产业形式包括全产业链型、“农业＋市场”型、“科研＋农业”型和“农业＋文旅”型。

1. 全产业链型

具有特色农产品的发展优势，掌握农业产业的核心资源，并具备上下游全面延伸的条件。按照产业培育的全过程实现全产业链的最大价值，小城镇全域空间需要对产业功能进行考虑，统筹协调镇村等级和职能，预留足够的产业发展空间。农业由特色化向集群化发展，可以吸引相关要素集聚，成为县域经济增长极，并能够进一步将产业空间向周边小城镇扩展（图 4-6）。

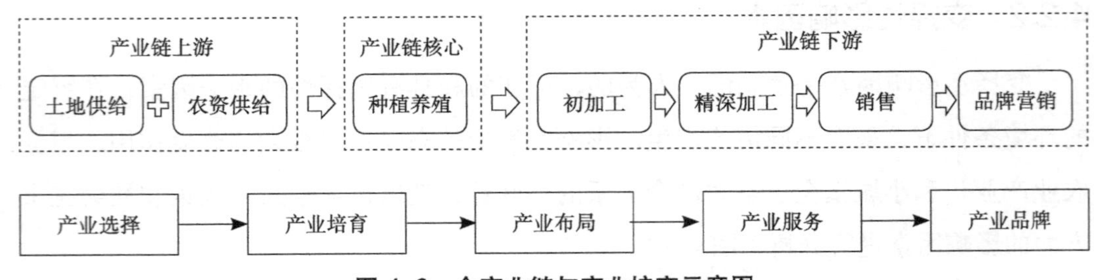

图 4-6　全产业链与产业培育示意图

2. “农业＋市场”型

发挥临近市场的区位或占据市场资源的优势，重点以农业产业的销售交易等为产业发展的重点，同时空间与产业具备的特点相符合。农产品由生产场所到消费者有多种市场模式，最传统的形式为集市，不同地区采取不同固定日期开展农村集市活动，这种交易形式的收益较小，交易量受地域制约极为有限。后来又出现了专业性的农贸市场和批发市场，也是目前初级农产品交易的主要形式。在城市里的一些商场超市、餐饮企业等，会通过销售企业直接购买农产品，也可能通过市场进行采购，因此就出现了价格上的差异。绿色农产品、生态农产品、有机蔬菜和一些品牌化产品面向高端市场，产生更大利润。目前也逐步出现了一些新兴的市场模式，如全程可追溯、可监控、定期配送的会员制农产品供应企业以及越来越多的互联网电商平台等，使农业市场更加多元化（图 4-7）。不同的市场销售形式对区位和空间的要求有所不同。

3. “科研＋农业”型

借助自身环境禀赋或临近科研资源的特点，形成以农业科研为主要方向的农业产业形式。农业科研几乎可以与农业产业的每个环节进行结合，并可以使农业生产

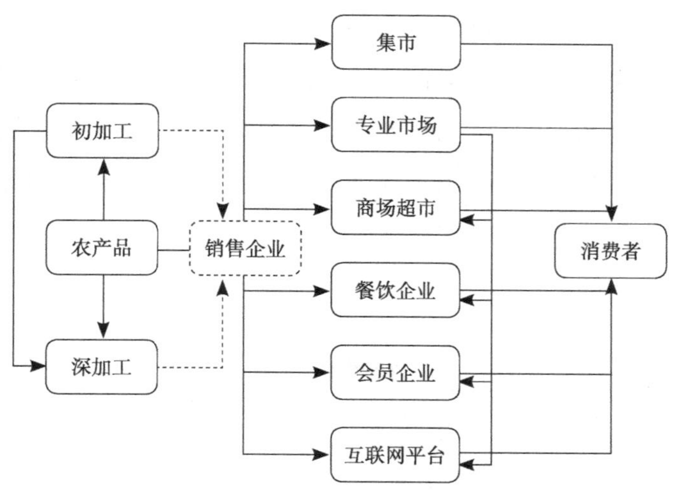

图 4-7　农业产业的市场销售模式示意图

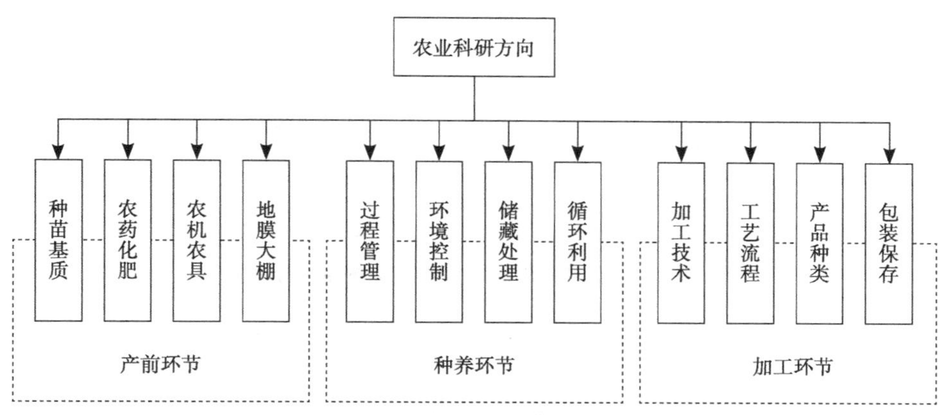

图 4-8　农业产业的科研方向示意图

发生本质改变，因此具有很高的价值和效益（图 4-8）。农业科研与农业产业不同环节的结合，所需的空间载体不同，例如研究某种特定环境的种植效果，就需要在原产地开展，而对具体产品的提取浓缩等则需要专业的实验室。

4.“农业 + 文旅”型

利用乡村地区各类物质与非物质资源丰富的特色，推进农业与旅游、农业与教育、农业与文化、农业与康养等产业深度融合。丰富乡村地区的旅游业态和产品，打造各类主题 IP，开展乡村旅游，打造精品线路、特色民宿和养生田园等。农村和农业具有非常丰富的文旅价值，除了传统的“吃、住、行、游、购、娱”外，还可以开展农耕文化传播、农业文明教育、农业生产生活方式深入体验（图 4-9），这就要求对农业生产空间和文化旅游空间进行融合布局设计，合理安排生产人员和旅游人员不同的交通路径，防止相互影响。由于旅游和服务等流动性人口的产生，需要根据高峰期和平淡期的规律，合理安排可变的居住性空间等，并确保足够的设施进行支撑。文化旅游产业一定要依托农业产业，以农业产业为主导兼顾旅游，禁止一些城市化空间在小城镇地区产生，从而破坏其本身的价值。这类产业形式可能会产生一些新的功能空间类型，如特色小镇、田园综合体等。

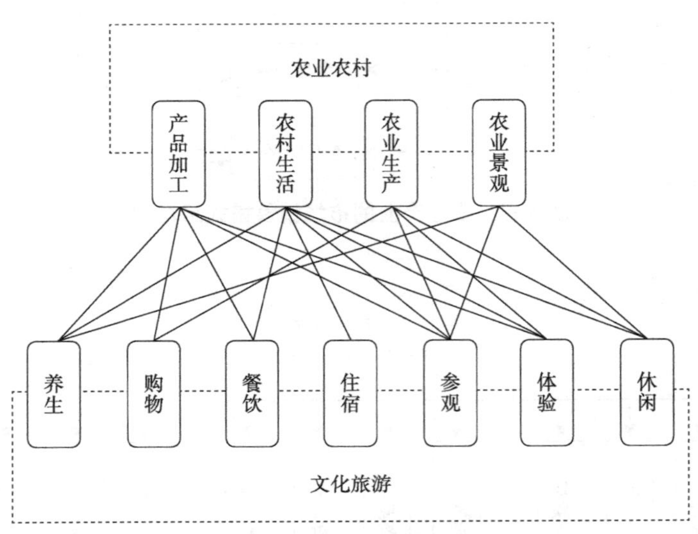

图 4-9　农业产业与文化旅游产业的融合示意图

4.2.2.2　政策影响因素

不同国家、不同时代的统治者或民主政府，其在国家治理中不同的发展政策、规划政策和土地政策等，都影响着小城镇全域空间和农业产业的发展。整治政策是国家和地方对某区域建设发展的计划和调控，是不同的发展背景下根据实际制定的保障产城持续协调共进的有效手段。政府对整体镇村体系进行规划并实施，控制用地的供给水平和产业的倾斜程度，加速小城镇布局的改变。新区新城的出现以及迁村并点、行政区划调整等措施，更使得小城镇布局发生跨越式变化。

1. 社会发展政策

在我国，新中国成立之后从国家大的发展战略布局到地方社会经济发展政策都呈现了不同时期的显著特点，对我国农业产业和小城镇的发展产生了巨大影响。新中国成立后到改革开放之前，为了快速恢复战后国民经济，国家制定了“工作重心从农村转移到城市，学会建设管理城市”的战略方针，采用计划经济政策，工业化是这一时期进行社会主义建设的重要任务，国家从农业上入手，为工业筹取了高额的发展资金。受“大跃进”和“文革”等影响，加之国家政策的限制，小城镇的发展停滞不前甚至出现倒退。由于国民经济的萎靡，工商业日益萧条，人口集聚程度低，传统产业难以为继，小城镇没有发展动力，城镇职能单一，空间规模较小，无法形成合理的镇村体系和小城镇空间形态。改革开放之后，国家开始把重点放在小城镇建设上，确立了大力发展小城镇的方针政策，并出台了一系列以经济建设为中心的小城镇发展政策。大量工业企业开始在小城镇建设，小城镇吸纳农村剩余劳动力形成了人口集聚，进而迅速扩大数量和规模。但过多的工业小城镇与我国的实际情况并不相符，城镇发展只追求速度不重质量，城乡二元分割日益严重。我国自党的十六大以来，相继提出了城乡统筹、城乡一体化和城乡融合等小城镇发展政策，并针对三农问题开展了新农村建设、美丽乡村建设和乡村振兴等战略策略，村镇规模、结构和布局等在此阶段发生了迅速的变化。

在农业生产方面，自从土地改革（1950 年）之后，我国基本采用封闭的小农经济，主要是以户为单位，家庭式分散劳作与经营，农业基本是自给自足，没有发展的活力和动力。随后开展了人民公社化运动，进行了农业集体化的尝试，但由于平均主义等不合理分配制度，严重打击了农民生产的积极性，使农业进程产生倒退。1978 小岗村农民签订包产合同书，是包产到户的开端。束缚生产力的生产关系一经变革，农民有了自主选择权，激发了生产的动力。随后农产品价格实行“双轨制”，并制定了除了定购之外的粮食可以自由上市的新政策。这些举措优化了我国的农业种植结构，促进了乡镇企业的发展。国家从 1953 年起开始对粮棉等农产品实行统购统销政策。2006 年取消了农业税，国家税务总局的统计，从中华人民共和国成立到 21 世纪初，全国累计征收的农业税约 4000 亿元。随着大型农机的普及，科技兴农战略正在有序实施，与农林专业相关的高等院校的数量和规模也不断扩大，农业人才日益丰富，我国的农业产业化进程在进一步加速（图 4-10）。

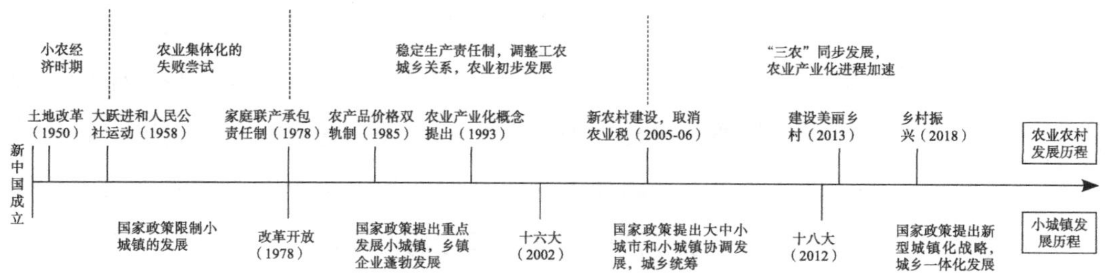

图 4-10　中华人民共和国成立以来小城镇和农业农村的发展历程

2. 规划政策

规划是引导城乡空间合理布局、有序发展的重要手段。中华人民共和国成立初期，我国由于缺乏相关规划政策的制定和引导，尤其是小城镇地区，空间基本处于盲目无序发展时期，导致城镇空间结构混乱、职能模糊、设施缺失。小城镇仅根据有限的发展条件，如交通和用地条件，确定发展方向，并在不同时期出现各种随意建设的行为，导致了城镇空间逻辑混乱与城乡关系紊乱。

随着国家对小城镇规划建设的重视，相关规划制度逐步出台，并制定了一系列规划和建设标准，规划政策成为干预小城镇全域空间布局的有效手段。小城镇规划主要由市县域一级城镇体系规划、镇域镇村体系规划和镇总体规划共同影响，自上而下对小城镇的发展制定路线图。规划确定各级小城镇职能，对产业发展空间进行安排，合理布局交通和基础设施，对镇区空间资源全面配置，确定发展时序等。在一定时期内，规划发挥了重大作用，但随着经济社会的高速发展，城市化水平达到新高，大量新型产业类型诞生，规划则出现了滞后性和局限性等问题。比如照搬大城市规划，盲目扩大城镇用地规模，或只考虑形式而不考虑落地性，导致规划失效，还会引起公众利益与市场逐利的矛盾等。所以适时合理的规划政策，对产业发展和小城镇空间形态的优化和调整具有很强的影响力。

3. 土地政策

空间功能的实现依附于土地，土地政策的变化直接影响了土地的使用与分配。改革开放之前我国实行计划经济政策，城镇土地是无偿使用但无法随意流动的，国家通过行政手段对土地进行划拨分配。土地使用时间没有限制，土地的价值完全无法体现，这会极大地降低城镇土地的使用活力，造成土地使用效率低下、土地资源要素配置不合理。我国对土地管理制度进行了改革，分离土地的使用权和所有权，使其真正具有商品属性，土地开始进入流通领域。土地的价值属性得到认可，城镇的发展开始出现新的巨大的契机，其规模也迅速开始扩张。不同土地使用性质和区位条件导致土地价格的不同，地租价值的差别化直接影响了城镇的空间布局。在农村地区，土地政策对农业产业化的可行性有决定性作用，通过土地流转对生产资源进行整合，才能形成规模效益，推动农业产业化的发展。地价的高低也决定着该地区的土地使用价值，过高的地租会阻碍大规模性农业种植生产。土地的供给力度直接影响土地价格，间接影响了农业产业链向下延伸的可能性，并促使一些农业加工运输等企业越来越向边缘移动，形成新的产业功能空间。

4.2.2.3　社会影响因素

完善的社会制度与和谐的社会关系可以促进小城镇和农业产业的良性发展，社会影响因素包含的人口、文化和组织形式等，在两者的耦合关系中发挥了直接或间接的作用，共同交织出与经济发展水平相匹配的和谐社会图景。

1. 人口

人是小城镇生活的主体，也是产业发展的重要影响因素，人口的规模、结构、素质和生活方式等对空间的规模、环境、内容构成需求的差异化，影响空间的形态分布。城镇人口的比例直观反映城镇化水平，常住人口和流动人口的多寡可以反映一个地区的经济活力，人口的年龄结构直接决定了劳动力水平，人口的受教育水平又决定了产业发展的类型等等。首先，对农业产业化发展来讲，人口规模对其产业结构有很大作用，一方面，由于农业产品属于生活基础性产品，所以人口规模决定了当地市场的大小；另一方面劳动力的供给规模又决定了其不同环节的生产成本，没有充足劳动力就不会有集约和发达的农业。同时，人口规模的变化对小城镇镇区空间形态也有直接联系，人口的增多就需要更大的生活空间来满足居住需求，就要求增加更多的社会服务设施满足居民的日常生活，从而又刺激了三产的发展。其次，不同群体的不同生活方式也决定了其发展水平。城市的生活体现了复杂的社会分工、多样化的消费方式以及快速高效的生活节奏；乡村地区则相反，受层层联系的血缘和地缘关系的影响，体现出各自独立的个体化生活方式，社会身份相似，生活节奏缓慢。而小城镇地区正是这两种生活方式的混合和过渡地区，需求也更加多样，反映在空间的类型和存在方式的差别较大（图 4-11）。

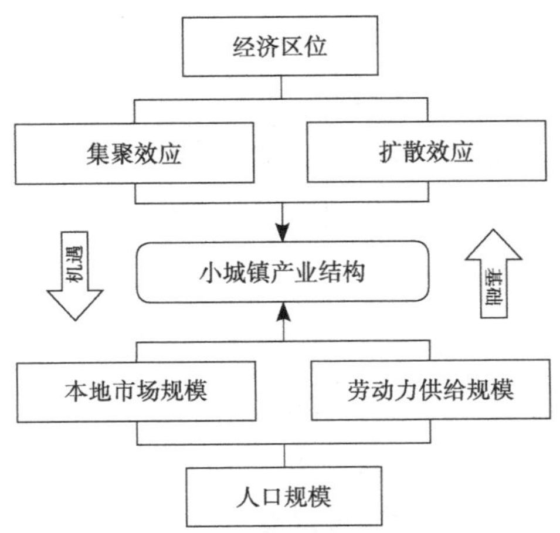

图 4-11　人口规模和经济区位对小城镇产业结构的影响方式图

2. 文化

处于对小城镇地区文化的保护和传承，其空间载体也需要相应的保留和发展，尤其是和自然环境相处关系的文化内容，对小城镇整体格局产生深远影响。农村地区蕴藏了丰富的历史人文价值，物态文化层面包括山水格局、乡村聚落的图底关系、乡村建筑的建造形式、民间工艺品等。此外还包括生活习惯、传统节日等行为文化，生产生活组织方式、社会规范、乡约村规等制度文化，宗教、家训等精神文化等。这些不同层面的文化现象展现了我国深厚的历史积淀和丰富的意识形态，所以说农村地区堪称民间传统文化的博物馆。农村特有的耕作习惯、农时节令、信仰传说等活化的农业文化，体现了人与自然和谐共存的智慧。此外，尊老爱幼、守望相助、诚实守信、邻里和睦等优秀传统，在农村具有重要的教育功能，让人们明事理、辨是非、懂善恶，是维系村落价值系统的重要载体。我国各地的历史文化名村、传统村落等更是中华文明历史长河中散落的明珠，具有传承历史人文的重要价值。

3. 组织形式

龙头企业等对用地的需求以及对生产主体产生的影响，将对小城镇空间的演变有促进和推动作用。企业的生产体系较为庞大，需要占据小城镇和生产的土地，对生产环境也有要求。农业企业未来发展和产业群集聚需求、服务设施的配套以及其建设时序和小城镇发展时序的关联，极大影响了城镇空间的结构调整。

在农村地区，村民按照企业统一要求，进行标准化工作，定期参与技术培训，逐渐成为职业农民。政府或企业在大型农村社区按照职工需求配套服务设施，并且给予优惠服务，形成更加稳固的社会组织。农民可以像其他职业职工一样享受休息日和假期，在收入持续增长的前提下，获得更多的自由时间，其消费、交往等方面的需求也将进一步加大,生活方式兼具农村和城市的双重特性。一部分经济基础较好、较有余力的农户家庭，可以通过流转其他农户的土地，建设家庭农场，或进一步掌握先进技术，雇佣人员，成为种养大户。这种个体经营也要依附于龙头企业或合作社等，确保良好的市场销售渠道。农民更加注重信息的获取和技术的进步，将会出现农村大学、农村信息平台等新需求。

在农业产业化发展模式下，由于效率的提升和技术的进步，必将有部分农民可以选择脱离农业生产。但是由于农业产业化的带动作用，这部分剩余劳动力可以将土地流转给龙头企业或种养大户，以合作社社员的形式继续参与该企业在二三产业的工作任务，具有长期性和稳定性，可以在较近的空间距离内获取在大城市内的收入水准，有更多的精力赡养老人、养育子女。

4.3 农业产业化与小城镇全域空间耦合关系的作用机制

耦合作用机制是指为完成某一特定功能，某种系统结构中各要素的内里工作方式以及各个要素在某种环境条件下，彼此联系、相互作用的运转原理和规则。农业产业的发展、产业结构调整、产业集聚和扩散效应等，与小城镇全域空间的演化和要素的变化等，形成了相互影响和关联的作用机制。

4.3.1 农业产业发展对小城镇全域空间的作用

4.3.1.1 产业发展催生新型功能空间

我国大多数小城镇地区的产生是以农业为发展基础，农业产业处于发展的初级阶段，村庄包括小城镇的功能结构都比较单一。在工业化进程中，一些小城镇抓住机遇，大力发展乡镇企业，但多数是规模较小、存在环境污染的小型工业企业，与农村地区的发展没有产生关联。随着经济社会的进一步发展，国家小城镇地区的低端产能逐渐进行了整治，小城镇地区这类简单粗犷的发展动力得到遏制。随着国家对三农问题日益重视，传统的农业生产方式有了新的发展契机，开始向农业产业化方式进行转变。农业产业化是以市场为导向进行规模化生产、系列化加工，对各种生产要素进行组合，延长和拓宽了农业产业链。因此，农业产业化也逐渐衍生出了新的功能空间，如农产品的初级和精深加工、仓储物流、育种研发、农业相关的服务性产业等等，这些功能有很多需要在小城镇全域空间进行布局。这些功能空间与原始的小城镇全域空间进行耦合，成为农业产业化下小城镇全域空间结构的新要素与组织单元。

由于农业产业化有着多种发展路径和模式，根据小城镇发展现状的特点和各类影响因素的综合影响，新型功能空间的种类和产生时序也各有不同。农业产业化产生了新型经营主体，这些经营主体的对空间的需求也不相同，新的需求也会催生新的功能空间。产业的升级带来人流、物流、资金流的互动变化，如科技型农业产业前段延伸发展和休闲观光型农业产业横向融合发展所服务的市场和对象具有极大的差异，所形成的功能空间的布局和规模大相径庭。

4.3.1.2 产业集聚推动空间形态变化

城镇的发展过程中，最重要的一个环节就是集聚作用的推动力，从各自独立的分散产业节点到产业集聚，进一步产生极化带动和扩散效应。同时人口的集聚带来更多的服务需求，进而产生更多就业机会，达到一个良性的平衡。农业产业化的集聚方式和传统的工业产业集聚略有不同，农业产业化是一个包含了一二三产的完整链条，所以既有农业的分散属性，也有工业和服务业的集聚属性。产业发展的规律是以点带面，层级聚合，在关键节点产业集聚的规模较大，会推动城镇空间的扩张，而相应的基层功能空间会出现合并或减量。除了农业产业规模增长带来直接的空间的增长，在空间重新赋予功能和用地性质的阶段，用地布局的优化组合还会带来衍生产业的发展，从而给小城镇全域空间的形态带来改变。

从农业产业化的进程来看农业产业空间的演进过程，基本上是由最初的农业产业均匀分布的情况，到农业产业的集聚，再到农业产业链的延伸拓展，并与其他产业进行融合。随着农业科技水平的提升，农业产业机械化、良种化、市场化水平都得到不同程度的发展，也推动了农业产业的丰富和集聚，进而出现农业产业集群。农业和其他产业的融合进一步加深，通过技术、服务或市场、品类的相互渗透影响，分别也从纵向、横向扩大了农业产业的发展空间，逐渐构建出现代农业产业体系。这些产生融合的产业向农业产业的集聚，也对小城镇全域空间的发展提出了新的要求。

4.3.1.3 产业结构调整优化镇村体系

在农业产业发展到成熟和稳定的阶段，其产业链条每个环节的功能比例也基本确定，产业结构逐步达到合理高效。因每个环节所需的空间布局和规模不同，相应的小城镇全域空间结构也需要进行调整，以匹配农业产业的发展水平。以农业产业的视角构建镇村体系，以产业的功能结构调整镇村职能、人口聚集度和配套设施等，尤其是应该在镇域分配土地资源,以满足生产发展的要求。确定农业产业的产业核心、产业带、功能节点等，通过“集中—扩散”的点轴带动或完整网络形成，对小城镇全域空间合理的功能布局进行确定，进而明确相应的镇村体系。

4.3.2 小城镇全域空间演化对农业产业的作用

4.3.2.1 小城镇全域空间变迁影响农业产业发展

小城镇全域空间包含了生产者从事农业生产、加工、运输、交易等各个环节的全部过程的基础和载体，小城镇全域空间的优化会提升外部环境的稳固程度，为产业发展提供基础，引导不同的产业发展路径，增强产业的集聚效果。产业布局表现为各种资源要素在空间地域上的移动、转变或重新结合的配置与再配置的动态过程。而最佳区位是随着小城镇全域空间不断演化而发生变化的，在小城镇与周边环境关系的改变、新的发展组团的形成以及整体迁移或迁村并点等情况下，农业产业发展会产生新的契机。各产业和各企业会去选择最佳的区位，形成流动组合的发展态势。

在不同时期的政策引导下，小城镇镇域内的空间布局会发生重大变化，比如曾经较低的工业准入门槛导致小工厂遍地开花；现在对高污染低效能的产业进行清理，集约化利用土地的政策，开始对集建用地进行了整合利用，使优质产业得以全面提质增效。

4.3.2.2　小城镇全域空间要素变化影响产业设施布局

小城镇全域空间是多种产业协同发展的平台，也是各类设施共建共享的场所。尤其是同时作用于生活和生产的空间要素，如道路交通设施、社会服务设施和市政基础设施等，这些要素的变化将直接影响农业产业设施的布局。产业布局包含了三个标准：成本低、市场份额大和聚集，所以农业产业布局既是一个市场协调问题，又是一个区域协调问题。终其根本，则是成本均衡问题。在这样的前提下，空间资源的共用驱动使产业设施呈现不同的组合形态。

例如在小城镇形成初期，会沿着公路的两侧进行布局，借助交通条件发展，形成“马路经济”，公路是这些小城镇发展的最大动力。但随着城镇规模的扩大和人口的集聚、功能的完善，过境公路形成大量混杂的客货运交通，噪声污染、交通堵塞、安全隐患等反而形成了对其发展的制约。这时小城镇的空间要素会发生变化，公路选择在城外绕行而过继续发挥交通主体作用，原道路成为生活性道路，同时对交通需求较高的农业产业场所设施则会随之变动，如物流场所；而对人口密集需求的相关场所设施等则选择临近生活性道路进行布局，如交易场所等。

4.4　农业产业化与小城镇全域空间耦合状态的展现形式

耦合状态是系统内部协同和要素相互作用的影响程度，合理的产业和小城镇发展模式使两者耦合持续减小，功能与用地结构由无序到有序，从而达到系统的最优状态。两者共同的发展目标是通过内外部影响和相互作用，小城镇全域空间达到高质量的耦合关系。本节将对这种耦合关系具体的展现形式进行研究，多方位多角度对此阶段的状态进行描述，具体可分为产城乡一体化布局的形式、人居生活圈层布局的形式、交通高效网络结构的形式和生态景观渗透环境的形式。

4.4.1　产城乡一体化布局的形式

打破传统镇村体系构架，构建“特色小镇—美丽乡村—重点项目”的“产城乡一体化”新型城镇化联动结构。理清各资源要素在空间分布的特点，明确各资源要素在市场上的竞争力,主动推进适合发展的优势农业产业。根据市场需求和配置机制，促进农业产业延伸和升级，提高主导产业产品附加值；合理分配城乡劳动力比例，带动人口集聚和乡村活化，提高人均产出能力；反馈于资源价值化和市场自身调节，平衡互动，指导小城镇发展与建设。在产业发展基础上，提高低成本生产与低成本运作水平，在市场竞争中集群发展，形成规模优势，获得稳定的发展。与此同时，小城镇的布局结构和规模与产业所需资源所匹配，在上位产业发展规划和空间规划的指导下，从全镇域对土地等资源进行合理分配，形成产城乡一体化的布局形式。

随着产业的集聚效应和经济的发展需求，小城镇镇域内会出现新型的空间组织，如农业产业园区等，城镇中心的建设密度也会达到极限，而相应的产业区会在边缘地区发展。不同的功能空间对不同群体的吸引程度不同，城镇居民、产业工人和农民等的居住和生活问题需要随着产业布局进行考虑，空间上的相对集中和便捷会对小城镇的合理发展以及降低交通成本、提高效率等有很大帮助。除了大范围内的合理布局外，在小的空间范围内也要形成良好的空间和功能的耦合关系。产业发展衍生出新的功能需求和相应配套，小城镇全域空间自身演变过程中也对功能的布局结构逐渐优化，两者耦合互动发展。农业产业化发展与小城镇、乡村空间实现高度耦合的展现形式就是功能布局协调、产业在空间根植、城乡关系融合的理想化产城乡一体的空间结构。

4.4.2 人居生活圈层布局的形式

从宏观上产城乡一体化应考虑产业结构的合理性、功能布局的高效性等，以产业为主体对空间进行布局。在中微观层面上，在良好的产城关系基础上，就要以人为主体考虑居住及配套设施等人居生活空间的合理性。在不同的人群聚居区域内，根据其规模、生产生活方式以及需求等，按照以出行时间、使用频次、服务能力为度量的生活圈层对商业设施、科教文卫设施和其他生活设施等进行合理布局，满足大部分人方便快捷地使用生活服务设施的需求，并且在政策和市场的双重驱动下，可以长期经营和运转。

小城镇公共服务设施是为小城镇提供各项公共产品和服务的设施，主要包括教育设施、文化设施、体育设施、医疗卫生设施、社会保障、商业服务以及行政管理等配套设施。在上述设施中，义务教育、公共卫生和基本医疗、最低生活保障是最基本的部分。基本公共服务均等化的提出，不仅要求基本公共服务的内容是均等化的，其相应的服务水平也应均等化，并且给予人们相同的权利对资源和服务设施进行使用。

在各个群体间，存在着共同的圈域和不同的圈域。与此同时，不同类型的公共服务设施以及居民的需求程度是不同的，所以可以依据不同居民群体出行距离的公共服务需求划分、依据使用频率和服务半径的公共服务设施划分，如老幼群体徒步出行界限、一般成人徒步出行界限和非机动车出行界限等，再进一步细化其生活圈层范围。最终在农业产业化与小城镇全域空间高度耦合的关系下，实现社会基本公共服务的均等化为目标，统筹布局，集约节约用地。

4.4.3　交通高效网络结构的形式

产业和交通之间呈现较高的联系度，对农业产业发展来讲，交通的便利性和可达性是影响其产业布局的重要因素，既有推动作用也有制约作用。为了能实现产业布局和镇村结构实现高度协调，就需要交通结构和未来的发展方向进行契合，呈现高效互通的网络结构形式。产城乡一体化意味着人员、物流、经济活动等各类要素之间频繁相互流通，其重要的空间载体即为交通设施。产业链不同环节之间、生产活动内部、产城之间、城乡之间、小城镇内部等等，对交通的需求程度不同，联系频度不同，就需要合理的交通结构对其进行组织。镇域内产业经济发展和小城镇全域空间达到一定耦合阶段时，交通系统必然也近于完善，不仅是连通性的全面实现，还包括道路等硬件设施的提高、尺度的宜人和流通的顺达，这些都是高度耦合的展现形式。

一般情况下，在镇域范围内的高速、国道和省道等高级别道路的走向和路径已经确定，是产业和空间布局时的限制性要素，而对小城镇内部、产业园区内部、镇村之间甚至用于生产的机耕路等，可以进行更多的优化布置，从细节考虑其使用的便利性，从而达到均衡配置，提高生产生活效率。同时应考虑农业产业化的发展路径和小城镇发展的时序，按照主导发展方向优先实现交通的完善，为产业和小城镇发展提供驱动力，引导村镇功能空间的布局。

4.4.4　生态景观渗透环境的形式

生态空间的作用对象和分类方式和生产空间、生活空间具有较大的不同，对其研究也往往自成体系，但作为农业产业化和小城镇全域空间耦合关系不可忽略的重要环节，生态景观对自然环境、农业生产和人居的保护与隔离的基底性作用十分重要。需要生态景观对空间环境进行全面的渗透，达到自然环境和人工环境相辅相成，共同形成生态空间系统的理想状态。在大的区域范围内，减少对自然生态保护区域的人为扰动，在空间上进行隔离，在与人的活动范围越接近的地区，则需要考虑满足人休闲活动、亲近自然的生态活动场所的合理布置。产城乡一体化耦合发展的前提是生态环境的和谐发展，各类空间要素各司其职，共同维护整体空间环境的协调可持续发展。

从不同层次考虑生态空间的要素配置，宏观层面考虑自然山水格局，山水林田湖草等生态图底、斑块和廊道的功能以及生物多样性的保护等；中观层面是对各类公共开敞空间和活动空间，如各级公园、步行廊道和公共场所的绿地景观系统进行优化布局；微观层面则是人居环境如何打造，生产生活空间内的景观环境的提升，体现人文主义关怀和亲近自然的美好愿望。

4.5 耦合状态下空间要素的组合形式

为了更好地描述这些空间要素的组合的形式，本书将从中观层面（如功能区、带的空间结构）和微观（空间要素、设施的组合）层面进行分析。通过研究发现，农业产业化的小城镇地区大多数空间的基础组合结构为线性结构、均匀结构、枝/网状结构、集聚结构和圈层结构。

4.5.1 线性结构

4.5.1.1 山间谷地

微观层面，受地形因素制约，适宜建设或生产的用地受到极大的限制，各类空间要素随坡就势呈带状分布。中观层面，以生态空间为图底，其余镇、村范围内的生活空间要素和生产空间要素在可利用地范围内呈线性分布（图 4-12）。

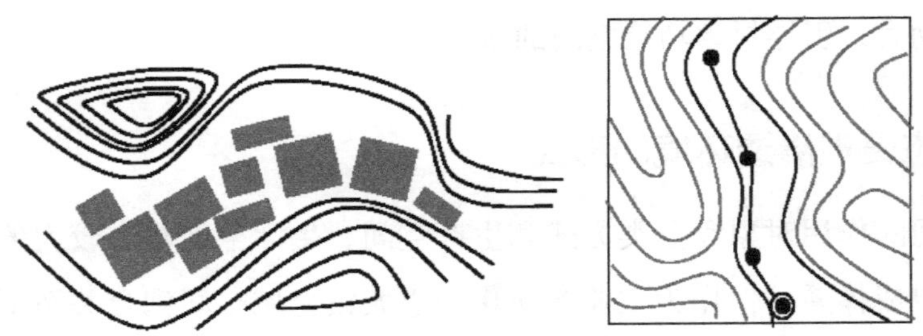

图 4-12　山谷地带空间布局示意图

4.5.1.2　水系沿线

河流水系是人类文明的孕育者和重要载体，也是自古以来农业生产的必要条件，较大的河流还承载着物流商贸的联系作用。许多小城镇就是沿河岸一侧或两侧逐渐形成和发展壮大的，由此可见水系与生产生活的密切关系。农业种植场所出于灌溉的需求，与水系紧密联系；城镇居民居住场所、农民居住场所等居住性生活空间出于对舒适人居环境的追求，与水系空间临近；城市公园、专类公园、社区公园中水体是重要的景观提升设施和活动场所，与水系可以充分交融。相反，可能会对水体造成污染的养殖场所、初加工场所、精深加工场所等，需要与水系进行隔离和布局上的限制（图 4-13）。

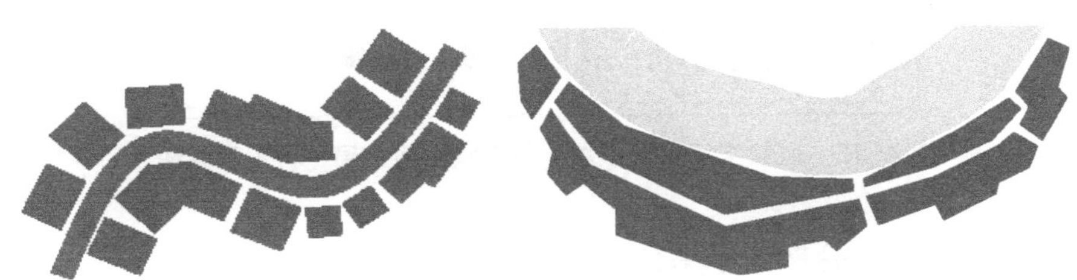

图 4-13　小型水体（左）与大型水体（右）周边空间布局示意图

4.5.1.3　交通沿线

小城镇的形成与布局形态及道路的关系密切，超过半数的小城镇布局都是由道路交通决定的，并在此影响下呈带状或线性发展。一般沿公路单侧或两侧排布 1 ~ 2 排建筑，形成一层皮的布局方式。过境的道路一般包括县道、省道或者国道。以交通通行作为主要职能，小城镇利用过境道路为过往车辆和乘车人员提供补给或休息的场所，来获得一定的经济效益。在更大的空间层面，随着我国村村通公路政策的实施，各个村庄和镇区之间基本都有道路进行连接，将各个节点串联在一条轴线上（图 4-14）。

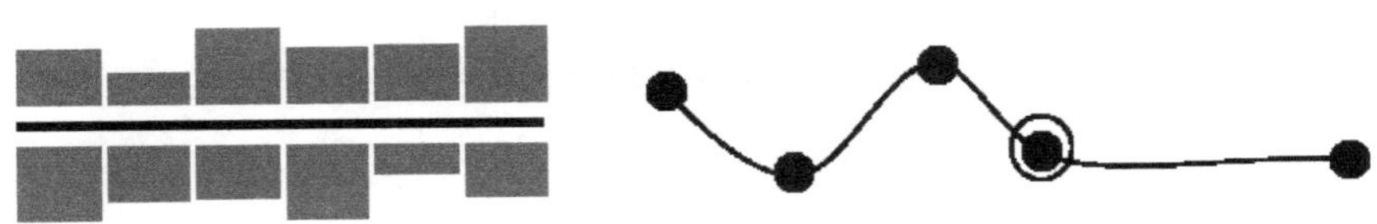

图 4-14　交通沿线空间布局示意图

4.5.2 均匀（分散）结构

在平原、盆地或低海拔丘陵等自然基质基本相同的地区，种植场所、农民居住场所的分布呈现均匀分布的空间结构特征。这些空间区域之间没有明显功能或形态上的联系，成为各自相对独立的分散布局（图 4-15）。

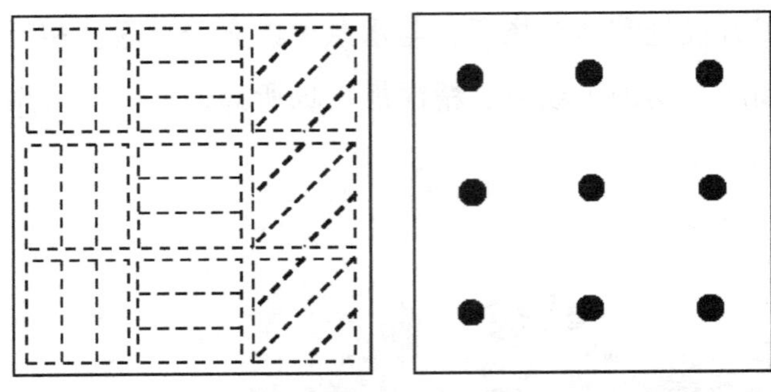

图 4-15 块状空间布局（左）与点状空间布局（右）示意图

4.5.3 枝 / 网状（分散）结构

在空间上呈分散分布状态，但在其功能呈现出较强的关联性和系统性，在考虑其空间布局时必须考虑其同类空间的结构关系。如市政设施，从源头到过程到末端形成完整的系统，或是由各级公园等组成的公共活动空间系统，空间结构为枝状或网状结构，连接各节点的途径在空间上具有具体的物质载体或只是隐含了两者之间的功能联系（图 4-16）。

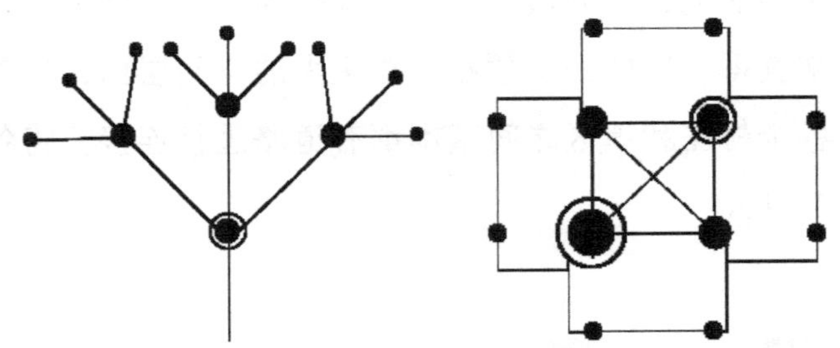

图 4-16 枝状空间布局（左）与网状空间布局（右）示意图

4.5.4 集聚结构

在国家对小城镇发展的政策扶持下，以及市场由上到下逐级沉淀到达末端，小城镇对周边区域产生引力，产业要素集聚，人口、经济活动、社会服务等相应也产生集聚效应，最终导致空间的集聚结构。在集聚结构中，功能和空间上的联系都极为紧密，通过道路的引导，汇集人流、物流、资金流、信息流，形成区域的发展中心。除了小城镇空间天然形成的集聚作用外，在政策和人为干预下，也可以形成集聚的新空间，以产业带动效益为目的而形成空间资源的集中配置。空间的集聚可以带来效率的提升，进而带来整体价值的提升（图 4-17）。

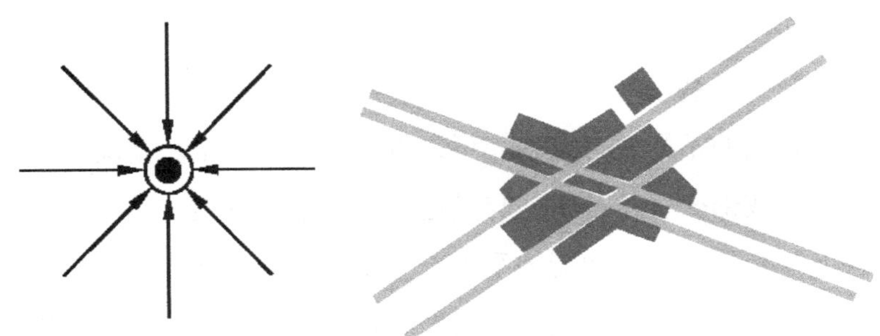

图 4-17　功能集聚（左）与空间集聚（右）示意图

4.5.5　圈层结构

小城镇全域空间在某个强功能主体（如城市、港口、生态）的影响下呈现渐变的结构（图 4-18）。

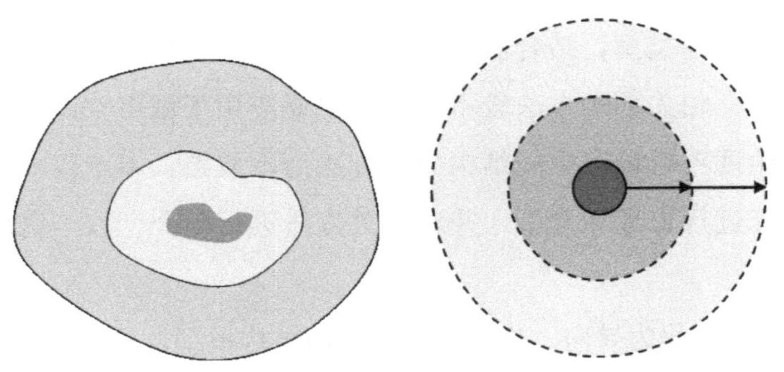

图 4-18　限制性要素圈层结构示意图（左）与经济性要素圈层结构示意图（右）

一类为因限制性要素的存在，如生态敏感性、环境保护的要求，而对其周边一定范围内的空间采取不同的管制措施。如水源地的一级保护圈和二级保护圈，自然保护区的核心区、缓冲区和实验区等都是这种圈层结构的空间管控形式。

另一类为因经济活动时空关系的紧密程度不同以及级差地租造成的成本的不同，各类功能的空间要素围绕经济活动的核心或产业核心呈圈层式分布。圈意味着向心性，层体现了层次分异的客观特征，圈层结构反映了小城镇的社会经济景观由核心向外围呈规则性的向心空间层次分化。如城市周边、各类港口、交通站点等，会形成此类空间结构。

4.6 小城镇全域空间的结构模型

农业产业化在不同的发展基础上呈现出不同的发展态势以及产生多样化的小城镇全域空间组织形式。基于对农业产业化的空间要素以及与产业发展的耦合关系的充分了解，通过要素的不同组合结构，可以得出在小城镇全域空间中，无论是纵向产业链延伸的整体或部分，还是横向与其他产业的融合发展，具有几种基本的结构模型。目前小城镇规划缺少对功能体系和产业发展模式的深入研究，容易造成规划失效和资源浪费。空间模型的建立可以引导制定不同的政策导向，促进土地向新型经营主体流转，合理预测城镇化水平和就业结构，从而对下一步的规划提供依据。农业产业化不仅仅是解决农业发展的问题，也是解决剩余劳动力转移，农民和城镇居民生产生活分异有序，农村地区人地与设施匹配等诸多问题。

4.6.1 小城镇全域空间结构研究目标

小城镇空间结构研究框架是在传统城市空间结构发展的基础上，基于新型农业产业化产生的新空间类型，结合前文研究内容提出的。由于城市空间结构更倾向于空间评价研究，相关数学方法较不成熟，主要应用于城市空间形态的演变，从农业产业化的角度考虑城市空间结构研究方法尚不成熟，本章仅对小城镇空间结构研究内容系统进行梳理和分析，并对有关方法进行引介，以丰富城市空间结构研究内容。

以新型农业产业化为导向，构建小城镇空间结构模型，展现小城镇空间发展的自然特征、社会特征、经济特征和生态特征。充分利用土地资源，落实土地集约化发展，提高土地利用效率，节约可利用空间，并在小城镇建设过程中改良建设技术方法，实现空间要素的生态化发展，有效保护小城镇发展环境。

突破城市约束，打造区域空间新格局。以城市群发展、城市带发展等历史发展为机遇，加强城市生态空间建设、交通网络构建、经济贸易往来、信息共享传输等手段，协调城镇社会发展区域需求，保护区域生态环境，融合区域发展优势与机遇，合理布局区域空间结构，实现生态城市空间结构最优发展。

4.6.2　产区型

4.6.2.1　农产品基地型

农产品基地型小城镇结构模型：呈现出复眼 / 蜂巢式结构。整合农业生产用地，建立连片成规模的农业基地。整合零散村庄居民点，建立设施完善的大型农村社区。在生产基地内以耕作半径设立生产休息单元，通勤车辆站点等，为农民提供临时休憩场所。按照站点设置通勤路线，为农民职工提供绿色出行方式。小城镇为企业区域性管理中心，可在大型农村社区设置派出机构，提供技术支持和相关服务。由于基质的均质化，各生产单元之间没有差异，可以获得稳定产出，农民身份向产业工人转变，生活设施在大型农村社区和小城镇集中设置，便于管理和维护，从而提高土地的产出效率和设施的使用效率（图 4-19）。

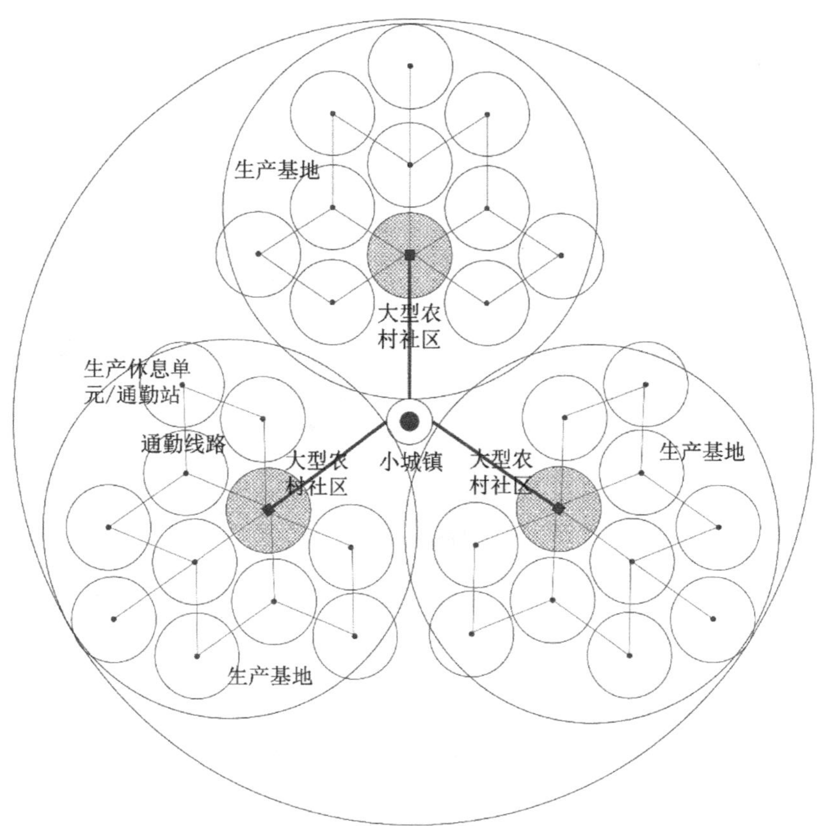

图 4-19　复眼 / 蜂巢式空间结构模型

4.6.2.2　特色产区型

特色产区型小城镇结构模型：呈现出星座式结构。根据特色产区分布形式，在交通区位及基础条件较好的村庄，建设小型农村社区，按照出行距离保留特色产区内部分村庄，整合条件较差、产业难以有效发展的村庄。在较大规模特色产区内，打造特色小镇和田园综合体，一三产联动，形成要素丰富的农业生产及文旅空间等。在非特色产区小城镇，可作为一定范围内的农村服务点，提供公共服务和农业生产服务等。由于特色产区的不可移动性，在其区域范围内的聚居点将一直存在，以获得特色产品的产出。并且在产区内对村庄结构进行合理布局，以人口聚集度为导向对生活设施进行配置，以产品稳定度对生产设施进行配置（图 4-20）。

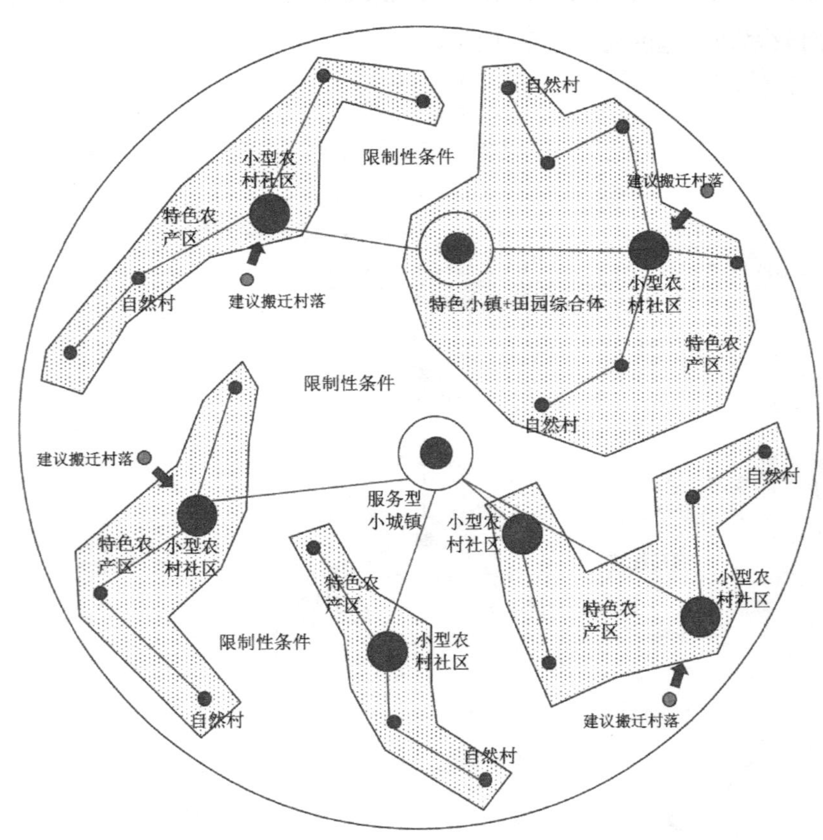

图 4-20　星座式空间结构模型

4.6.3　市场型

4.6.3.1　城郊型

城郊型小城镇结构模型：呈现出层网式结构。城市因人口、资源、要素的集聚优势，对周边小城镇形成强引力，相反小城镇则缺乏吸引力。城市周边农村社区和小城镇具有缓冲和吸纳作用，不可避免产生房屋租赁和小商贸功能属性，可作为预备城镇化人口一定时间内的居所。城郊型村镇其土地价值极高，以高附加值的农业类型为主。城市和小城镇的人口和要素在此类区域内双向流动概率较大，城市提供资本、技术、信息、人才，小城镇提供劳动力、绿色果蔬、生态、体验等。按照与城市的距离远近，形成基于土地价值差异的功能圈层，加之频繁的流动关系，在圈层内形成联系网络。本地市场的就近消纳作用较强，可以保证空间结构的稳定性（图 4-21）。

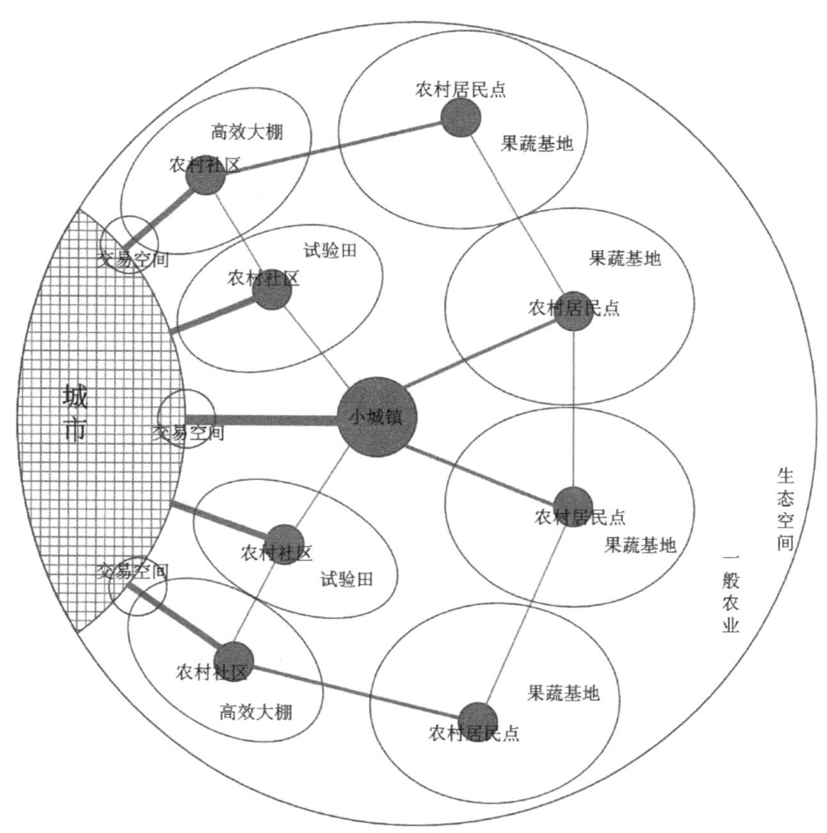

图 4-21　层网式空间结构模型

4.6.3.2　交通型

交通型小城镇结构模型：呈现出枝叶式结构。外部市场的需求大于本地市场的需求，或供给量超出了本地市场的消纳量，需要面向更大的市场空间。基于此必须以交通为最重要的功能要素，形成以交通节点为中心的枝叶状空间布局结构。类似于城市开发的“TOD”模式，围绕交通形成各类服务空间、仓储物流空间和精深加工企业等，由农村居民点汇集农产品并根据需求进行初加工，再汇总至交通中心进行流通。将与之相关的散点式的空间进行连接，每个基础生产空间可能不具备规模优势，但通过快速物流的层层汇集可以达到下游生产的必要条件（图 4-22）。

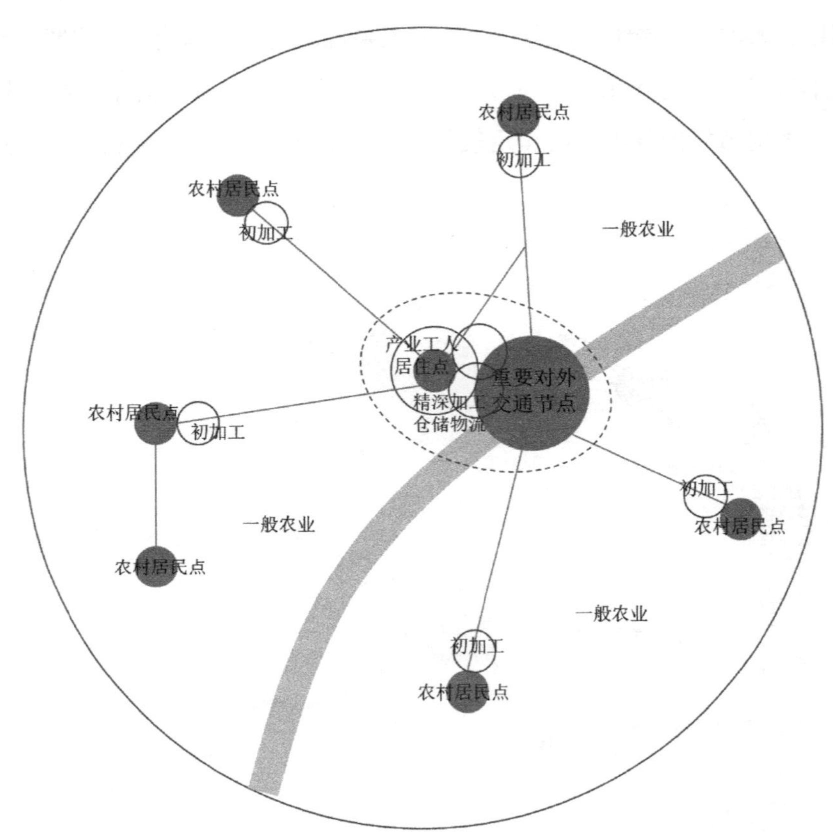

图 4-22　枝叶式空间结构模型

4.6.4　园区型

园区型小城镇结构模型：呈现出齿轮式结构。各类要素高度集聚，全产业链所需空间载体齐备，镇、村与企业高度融合，并带动周边种养大户进行社会化生产。主导产业特色明显，并具有观光示范和孵化带动功能，与工业园区类似，形成相对独立的“小社会”。农村和小城镇建设用地按照企业园区需求统筹考虑，按照生产逻辑和功能结构进行空间布局。各功能空间相互依存带动，成为高效运转、循环有序的农业产品产出机器，在更大区域内，在农业生产专业化、农业产业经营一体化和农业服务社会化的农业产业集群中起到增长极的作用（图 4-23）。

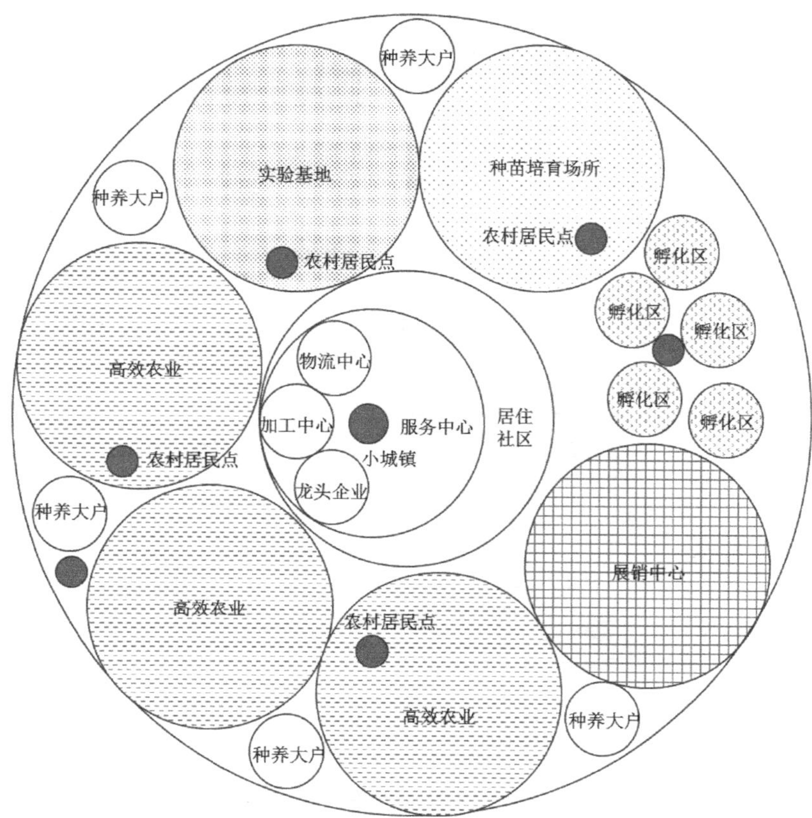

图 4-23　齿轮式空间结构模型

4.6.5　融合型

文旅融合型小城镇结构模型：呈现出场域式结构。在具有文化、旅游等基础条件的农业生产地区的小城镇，农业生产功能和旅游相关的休闲、体验、游憩、健康等功能以及文化相关的教育、传播、展示等功能进行了关联和融合，对应的农业生产空间和文化、旅游空间也会产生融合。根据融合程度和需求的不同，在文化旅游功能较强小城镇节点、景区以及连接路径周边会形成以文旅功能为主体的场域，其所涵盖的农业生产区域更多地会体现其观赏、休闲和体验的功能，相关设施也会在区域内集中布置，形成整体的氛围和环境。再由场域向外逐渐过渡至一般性的农业生产区，并和不相容的空间类型进行隔离。场域内居民点的内部空间功能更具有可变性，将不仅是单一的居住功能，可根据产业融合的规模和非常住人口数量灵活调配（图 4-24）。

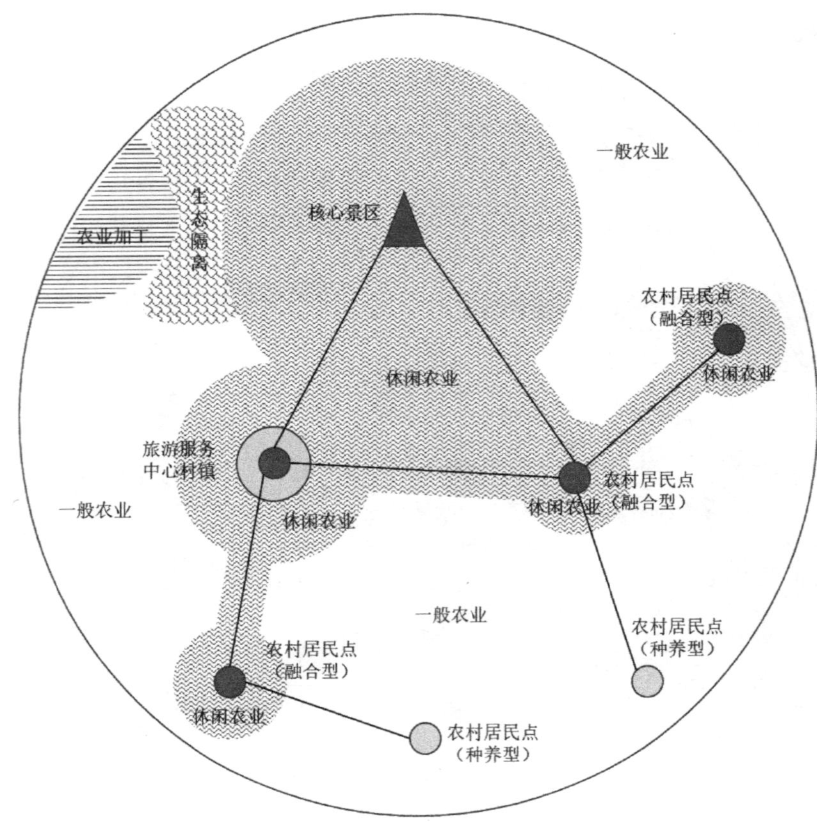

图 4-24　场域式空间结构模型

4.7　小城镇全域空间体系框架

基于产业逻辑的空间配置即从空间战略层面、空间结构层面、空间布局层面、空间建设层面和空间开发层面搭建全域空间体系框架。

4.7.1　空间战略层面

空间战略层面是将一定的小城镇全域空间作为一个整体，指导空间建设行动的整体框架，在该层面主要解决城市方向性、战略性的重大问题。主要研究区域发展的宏观背景、区域间的协调发展、空间资源评价、产业结构调整等宏观问题，强调对全局的把握，是涉及空间、经济、环境、生态乃至社会和文化等方面的战略研究，是对小城镇全域空间发展的重大问题做出宏观协调与控制，为下一层面的建设管控提供指导。

4.7.2　空间结构层面

空间结构层面分为宏观、中观和微观三个维度，在不同的维度下进行有效而适宜的资源配置调节。宏观维度，构建空间安全格局，除了传统的经济指标外，还补充了社会指标和生态指标，这对于生态脆弱、亟需生态保护的区域具有重大意义，对于拥有历史文化资源等需要保护社会环境、不宜大规模发展工业化和城市化的区域也具有重大的意义。中观维度，确定空间功能结构，提出区域内镇区和各村的空间发展模式与职能定位，制定其发展方向和控制引导措施，借此协调社会、经济与环境可持续发展。微观维度，完善空间要素体系，并制定一系列有利于空间要素集聚的政策，从而实现生产要素空间流动的引导。

4.7.3　空间布局层面

随着小城镇产业结构升级，新兴产业的成长具有不同的区位要求，这将导致对原有空间结构的重组。空间布局层面就是对小城镇全域空间内的各类用地进行功能组织。首先，应探讨各类用地的独立特点，然后分析各因素之间的相互关系；其次，做到统一安排空间布局，形成有机的整体；最后，空间布局模式要达到近期建设的科学性和远期发展的可持续性。空间布局是产业发展的载体。农业特色小城镇的空间布局将改变传统城镇功能分区的方法，例如将农业产业链细分作为组团进行功能分区，形成不同农业产业门类的组团，将农业元素贯穿在道路交通、生态人文景观、市政基础设施、居住与公共服务等不同层面的空间布局中。以农业产业化来整合小城镇全域空间布局内容，结合小城镇现状地形地貌、道路交通、资源条件、产业基础等因素，将不同的产业落到空间上，形成具有不同农业产业主题与景观特色的全域化农业产业空间，构建产城乡一体化空间布局理论体系，为乡村振兴的全面推进提供新思路。

4.7.4　空间建设层面

小城镇建设要严格落实城乡规划的实施管理，保障城乡公共利益的实现。重视小城镇改造和建设，加强管理机构、管理队伍的建设、完善小城镇建设的投资机制，加大政府的支持力度。优先考虑基础设施、社会服务设施的建设和各种公益事业的健全完善，改造小城镇的居住环境，提高小城镇居民生活的舒适度。重视对历史文化和古老建筑的保护，形成科学有效的保护管理体系。重视生态保护和可持续发展，在建设中严格保护植被、保护生态环境。注重单体设计与整体景观的协调性，使村落建设与周围生态环境和谐共生，规划和设计要起到指引调控作用。强化规划建设的公众参与，完善公众参与机制，倡导公众广泛参与。

4.7.5 空间开发层面

小城镇全域空间一体化开发模式包括以下几方面：土地市场小城镇一体化、产业发展一体化、基础设施建设一体化、资源开发和环境保护一体化等方面。构建统一的土地使用管理体系是小城镇开发路径选择的前提条件。农业一体化以市场为主题，优化市场需求，对农业产业实施专业化种植生产、企业化管理以及加工储运销售一体化经营，提高农业生产力，逐步实现从个体户生产转向产加销、农工结合、经济科技一体化的生产经营模式。

基础设施城乡一体化是指交通、通信、供水、供电、供气、垃圾及污水处理等基础设施形成城乡共建、城乡联网、城乡共享的过程，不排斥城乡之间基础设施需求的差异，而是强调城乡基础设施建设的机会均等、供给水平相当，使城乡居民平等地享受到基础设施带来的福利。资源环境一体化是在自然资源利用时，从系统的角度出发，将资源与环境作为一个整体来对待，在资源开发的始端到资源利用的全过程，统筹兼顾环境保护。以区域视角打破小城镇行政边界，进行资源整合发展，对小城镇全域空间建设资源进行共享和整合利用，提高资源利用效率。

此外，协调各方利益，明确小城镇开发建设经营主体，在保障实施过程中，有效实施规划，兼顾地方政府、开发商及当地居民三方利益。营造最佳投资环境和宜居环境，重点指导小城镇市政基础设施及公共服务配套设施的改善，着力营造有利于投资创业和经济运行的政策环境、法制环境和政府服务环境。

第 5 章　特色小城镇全域空间规划体系研究

5.1　现有小城镇全域空间规划编制存在的问题

5.1.1　规划体系不健全

5.1.1.1　纵向规划编制体系不完善

在我国现行的纵向规划编制体系中，指导小城镇城乡发展的规划主要是镇（乡）总体规划，除此之外市、县城市总体规划在县域规划层面对小城镇空间和发展也做出统筹考虑，但由于尺度和精度等各项因素影响，县域规划对下一层次的小城镇发展主体的发展研究不够深入，实际操作中往往无法指导小城镇的具体发展，也无法体现镇域城乡统筹发展思路。此外，小城镇的控制性详细规划基本空缺，在建设过程中主要以小城镇总体规划或者土地利用规划为依据，很难有效地指导小城镇的各项建设，也缺乏对村庄的引导，同时，下一层次的村庄规划主要指导单个村庄的发展，也缺乏全域层面的统筹考虑。因此从城乡全域层面来说，现行的纵向规划体系未能从全域城乡一体化发展角度落实规划的总体部署和发展要求，因此需要构建适合小城镇发展的更为细致的全域规划框架，以此指导小城镇全域统筹发展和落实上位规划的战略要求。

5.1.1.2　横向规划编制体系衔接不足

从横向来看，涉及小城镇的现行规划类型主要包括小城镇总体规划、土地利用总体规划和社会经济发展规划。其中小城镇总体规划的重点主要集中在“中观”层面的镇区建设用地的空间规划，缺乏对宏观区域格局的统一考虑，同时也缺乏对微观乡村地区、农业用地、自然保护区等的考虑。土地利用总体规划主要为加强耕地保护，落实上一级土规对基本农田保护、耕地调整和居民点整理的指标，其对未来镇区和乡村发展建设用地需求和空间的预见性不足。社会经济发展规划主要是落实产业、社会、经济发展的公共政策，缺乏对城乡发展空间的落实。因此，在横向体系上，镇域空间多个规划并存，但又由于各个规划重点和行政部门不同，往往缺乏统筹协调，在一定程度上导致了小城镇开发建设以及实施管理的混乱，甚至影响了小城镇社会经济的发展。

5.1.2 规划编制单一局限

5.1.2.1 规划编制思路的单向思维

传统小城镇编制方法基本按照“目标确定—配置用地空间资源—配套支撑设施—规划实施措施”的以目标导向为主的“自上而下”、由“点”到“面”的单向编制思路，小城镇规划的编制流程目前可以概括为五个阶段：基础资料的收集、现状分析、初步方案拟定、专家与有关部门评审以及公众参与、最终方案的完成。

传统小城镇规划在编制的过程中，各部门规划也呈现各自为政的单向思维，缺乏整合，制约了规划的落实，特别是小城镇总体规划和土地利用规划，成为小城镇发展“攻与守”的对立矛盾，限制了规划的落地实施。

5.1.2.2 规划编制内容的局限性

1. 只重视镇区发展，忽视镇域发展

2019 版《城乡规划法》第十七条指出：“城市总体规划、镇总体规划的内容应当包括：城市、镇的发展布局，功能分区，用地布局，综合交通体系，禁止、限制和适宜建设的地域范围，各类专项规划等。规划区范围、规划区内建设用地规模、基础设施和公共服务设施用地、水源地和水系、基本农田和绿化用地、环境保护、自然与历史文化遗产保护以及防灾减灾等内容，应当作为城市总体规划、镇总体规划的强制性内容。”虽然传统小城镇规划成果均包含如上所述内容，但就具体内容来看，传统小城镇规划以镇区规划为重点，强调镇区的职能、城镇性质和规模、空间布局、公共服务设施、景观绿地系统和市政基础设施。镇域规划的内容主要为镇村体系的等级结构以及镇域公共服务设施和基础设施规划，内容深度也不够，往往点到为止，也缺乏明确镇域发展的各项指标的管控和调控。

2. 重视建设用地，忽视非建设用地的管控

目前，我国小城镇的镇区为镇域范围内最重要的经济增长极，同时也对镇域范围的农村起着辐射带动作用，因此在经济效益引导下，传统小城镇规划过于注重对生产和生活空间的规划，侧重于建设用地布局的研究，忽视对镇域本底生态空间的研究和管控，因此导致了小城镇在实际发展过程中较易突破镇区的规划范围，蔓延发展，不断侵占周边的耕地、生态用地等。

3. 重视空间形态规划，忽视历史人文特色发展

传统的小城镇规划往往就“城镇”论“城镇”，在规划中主要对城镇空间形态规划进行长篇研究和论述，过于关注建设用地规模的扩大而忽略内涵的提升，未结合小城镇在区域中的地位和特点，未对小城镇历史沿革、人文特色、山水格局等特色进行深入挖掘，导致了小城镇发展千篇一律，空间布局呆板，缺乏地域特色。

5.1.3 规划实施管理缺乏统筹

我国目前乡镇规划管理主体的层级和归口多元，涉及了规划、土地、建设、环保、交通等多个部门，各个部门协调较弱，传统小城镇规划中未指出各部门在规划实施过程中所承担的作用和具体的行动，导致了传统小城镇规划在实施过程中阻力重重，无法指导小城镇健康发展。同时，在同一镇域空间上存在多个规划（小城镇总体规划、土地利用规划等）并存的现象，其编制的目的以及内容的深度不同，彼此之间缺乏协调，甚至在实施过程中出现冲突，因此，小城镇总体规划很难有效地指导城镇的建设行为。传统小城镇规划虽然侧重对镇区规划的研究，但其在用地上一般仅对用地的性质和规模做出指导，缺乏对不同区位、功能用地的强度引导，导致了建设施工单位随意修改规划，从而导致小城镇无序地开发和建设。

目前我国小城镇总体规划由政府组织编制，以政府意识形态为主导，而我国政府普遍以追求城镇发展效率为其工作核心，规划的目的主要为解决地方面临的主要发展问题，强调的是“即时性”，往往忽视了规划目标实现的持续性路径，同时在规划的过程中往往代表了政府，追求社会公共利益和经济利益，忽视了公众和开发商等利益群体的需求。

5.2 国土空间规划体系下特色小城镇空间规划的内容与作用

5.2.1 国土空间规划体系中乡镇层级的规划内容

根据国家明确的政策导向和行业共识，乡镇级国土空间规划是小城镇全域空间发展的总体指南、未来可持续发展的空间蓝图，是一定时期内小城镇全域空间各类开发建设活动的基本依据，是落实和深化发展规划有关国土空间开发保护要求的基础和平台，对同级专项规划具有空间性指导和约束作用。乡镇级国土空间规划作为最基础层级的规划，侧重落地性和实施性。

按照市县级国土空间规划确定所在乡镇的发展定位、发展战略与空间引导，根

据主要控制指标和布局要求，最终将空间与用途管制落实到地块。其具体内容包括：乡镇的基础研究，摸清家底和基础条件；确定发展定位、目标和空间格局；确定自然资源与生态保护、产业发展、乡镇土地开发利用、基础设施等各项要素的空间配置和落位；构建规划实施落地的体制机制和政策规则等。乡镇级国土空间规划是乡镇城镇体系规划、乡镇土地利用总体规划和其他各专项规划实现“多规融合”的成果，是对小城镇全域空间用途的整体管控和实施落位。

5.2.2　特色小城镇空间规划的作用

小城镇全域空间规划是乡镇级国土空间规划编制的重要依据，是落实国家、省级、市级、县级国土空间规划的关键环节和主要载体，兼具保护和发展的属性。了解小城镇的类型，有助于明确小城镇的地位，能更好地制定小城镇的发展战略，选择正确的发展模式，更科学合理地进行空间布局和设施配置。由于本研究主要探讨小城镇的发展特征，故以区域产业分工为原则，依据产业逻辑确定小城镇各类空间的功能属性，从而对小城镇全域空间内的各类用地进行功能组织和布局，继而对各类空间设施进行高效合理的配置。实现生产、生活、生态空间的融合互动，使产业发展集聚成片，同时完善各项公共服务设施与基础设施配套，美化镇区环境，在延续山水特色的同时，打造更高效的生产空间和更舒适的生活环境，不断提升小城镇的吸引力。

5.3　特色小城镇全域空间规划体系的构建

5.3.1　特色小城镇全域空间规划的编制目标

在全域层面对小城镇的资源要素进行梳理，突破重点发展镇区的传统思路，加强对全镇域范围内的用地情况进行分析，构建小城镇全覆盖的空间规划体系，并突出保护与发展并重，将小城镇发展与生态环境保护紧密结合，不仅涉及城镇空间，还包括农业空间和生态空间，实现空间上的全覆盖。

5.3.2　特色小城镇全域空间规划的编制原则

坚持因地制宜，分类分级引导空间有序开发。要结合小城镇的地方实际开展各项工作，突出地方特色，要根据国土空间本底条件评价结果，科学设计不同类型空间开发保护的目标、任务、开发建设指引与管控措施，制定完善管制规则，引导国土空间适度有序开发。

坚持共谋共治,科学合理配置各类要素资源。要同时运用好政府与市场“两只手”,协调各类空间需求的利益关系，充分发挥市场在空间资源配置中的决定性作用，要坚持“自上而下”与“自下而上”双向统筹，要扩大和创新公众参与方式方法，统筹高效配置各类要素资源，促进经济增长、社会和谐、生态优美。

5.3.3 特色小城镇全域空间规划的重点任务

建立小城镇全域空间规划体系，应当以市县级国土空间规划、发展规划等上层次相关规划为依据，全面摸清并分析镇域内国土空间本底条件，以空间结构优化和空间要素配置为主要内容，结合地方实际，对镇域内空间用途进行分区分类分级的统一管制和综合协调，科学合理地确定全域空间保护和开发的要求，促进小城镇的全面可持续发展。应注重镇区和各村间合作，细化镇域内空间功能分区，目标是减少镇域内部竞争，提高区域整体竞争力，力争整体区域空间发展目标一致。

根据国家有关政策的明确要求和行业共识，按照产业发展的逻辑，确定小城镇全域空间规划的主要任务，这些任务是确定乡镇级国土空间规划体系的重要依据。

（1）优化全镇域空间格局，落实镇域空间布局，提出产镇村发展结构、产业发展布局、镇村体系等空间规划；确定镇域内重大公共安全设施、市政基础设施、公共服务设施、综合交通设施等服务体系布局。

（2）提出产业、居住、服务设施等各类建设用地的布局方案，做好存量土地开发利用和空间品质提升。

（3）加强全域空间的风貌管控，突出地域特色，提高空间品质，强调山水空间和小城镇全域空间的和谐共生。

（4）提出管理评估、实施计划、组织保障等环节体制机制的创新方案，建立项目库，推动空间管理的创新，提高空间治理能力。

5.4 特色小城镇全域空间规划的编制技术要点

根据小城镇全域空间规划的作用和任务，在传承现行镇总体规划、土地利用总体规划有关内容的基础上，结合国家有关空间规划的政策文件要求，本研究认为小城镇全域空间规划框架应包含空间格局、空间布局、空间设计和实施管理 4 个层面的内容。

其中，空间格局是从发展视角对全域空间进行综合谋划和布局，主张统筹兼顾、突出重点，优先满足重点项目、重大设施等的空间需求；空间布局是对各类用地和设施进行具体空间落位，以及各专项规划对空间开发建设的引导作用，应注重分类指导、共生联动的空间功能布局；空间设计则提倡将地域特色风貌转化为规划控制引导指标，作为规划条件的重要组成部分，纳入土地出让的法定程序，并向下位规划传导，从根本上实现地方特色风貌内生于城乡开发建设行为；实施管理的核心任务是构建规划实施落地的体制机制建设、项目计划和组织保障。

5.4.1 统筹兼顾，对全域空间进行综合谋划和布局

应落实上位规划的相关要求，确定全域全要素一体化策略以及产业发展、镇村体系等总体空间格局。

5.4.1.1 全域发展规划

1. 产镇村一体化策略

利用市场机制实现取长补短，平衡“人”“钱”“物”，才能推动城乡要素的平等交换，例如将农村闲置的集体经营性建设用地整理入市，从而实现要素的双向流动，市场资源能得到高效配置，防止城镇出现虹吸效应。因此，我们提出了产镇村一体化的制度策略，旨在打破现有行政边界，在县域层面实现理想化的全域的要素统筹，在空间规划、城乡建设、实施运营等方面实现真正的一体化，从而实现城乡真正的融合发展。

2. 产业发展规划

围绕产业发展目标，按照四化同步、城乡转型发展的要求，研究农业产业化型生产空间的规模和布局优化，提出合理的行业用地标准和准入门槛，保障产业的发展落地和节约集约用地。农业产业体系主要包括农产品、生产环节、服务环节以及支持保障体系，其中应打造小城镇特色化、品牌化的农产品，在生产环节中进行农业的供给侧改革，优化供给，提质增效。延长产业链条，创新产业发展模式，创新经营组织方式，优化经济产业结构。在此产业结构体系下研究农业生产空间布局的规模化、板块化、特色化的发展目标，提出基本农田集中布局的重点区域以及农业重点产业区的布局，促进形成与现代农业发展要求相适应的开发利用格局。

3. 镇村体系规划

在本研究的镇村体系规划中，应重点突破传统以村庄等级、村庄职能结构为主的镇村体系，从实现小城镇全域服务设施一体化和多村产业联动发展角度出发，建立以乡村群为主导的镇村体系。镇村体系的内容主要包括：①确定小城镇功能结构，

明确小城镇重点地区的发展引导以及对乡村地区的发展影响，以生产生活方式和受城镇化影响程度划定城镇化村庄、迁建型村庄、特色保留村庄、提升改造型村庄等类型，针对产业、人口、管理模式和政策指引等方面提出相关要求；②确定小城镇规模结构，包括用地规模和人口规模，依据上位规划以及发展战略进行测算；③在村庄分类基础上，从多村联动发展角度出发，提出全域空间的小城镇布局，并在微观层面明确各个乡村群的发展引导。

5.4.1.2　服务体系规划

目前，政府一般更有能力也有意愿在城镇和乡村地区开展公共服务设施和市政基础设施等的建设，通路通水通电通宽带已成为大多数乡村的基本配置，文化站、篮球场等公建也基本实现了“村村覆盖”，但依然存在教育、医疗资源以及部分市政基础设施配置不均衡、公共安全设施配置不足、资源利用低效、缺乏管理维护等诸多问题。在未来小城镇总体规划编制过程中，不应仅仅停留在设施是否建设的阶段，而更应该以配置均衡、效益优化为重点，寻找实现服务设施高效、便捷的利用和优化管理的办法。通过全域设施的统筹协调，镇区和各村共建共享，正确处理好资源分配和需求的关系，充分发挥规划在空间层面配置资源的科学性作用，更好解决城镇设施与村庄设施的资源分配问题，促进小城镇全域统筹协调发展。

服务体系规划主要包括：公共安全体系、公共服务体系、市政基础设施体系和综合交通体系四部分内容。

首先，应协调和整合上位市级国土空间规划、县级国土空间规划以及市政、交通、环保、消防等各部门编制的专项规划，落实污水处理、垃圾处理等区域级重大设施以及中小学、医院等全域性公共服务设施。

其次，通过扎实的现状调研和基础资料收集整理，全面摸查现状已完成建设的设施，并综合小城镇经济发展水平、政府财政能力、公共服务市场化程度等供给条件，以及设施使用强度、频率、周期等需求量指标，构建设施效益评价体系模型，作为后续设施优化提升的基础。

第三，结合上述评价体系，综合分析已建设施效益，针对性地提出设施优化提升建议，包括布局优化、规模优化、建设标准优化等指标，并针对管理维护不足的问题，结合政策研究提出制度改进的相关建议。

第四，完善基于生活圈的公共服务设施配套，提升服务水平。传统公共服务设施配置是按照“镇区—中心村—自然村”的等级序列进行配置，这种方法虽然结构清晰，但容易忽略不同空间中居住人群的需求差异，影响服务设施使用效率。此次规划编制引进生活圈概念，分层次进行居民点设施配置。

第五，制定适合小城镇发展的设施建设标准，加强镇区和各村资源共享，推进其规划一体化，缩小镇区和乡村在基本公共服务水平和质量上的差距，改善农村人居环境。

5.4.2 形成全域用地的空间落位，确保用地的唯一属性

国土空间规划应整合城乡规划、土地利用规划以及其他相关规划等的用地分类，按照土地规划引导的主要性质进行划分和归类，形成服务于国土空间规划编制的用地分类体系和标准，小城镇的总体规划编制应服从于这个体系。在统一坐标系统下，按照统一的用地分类标准，根据上文提出的全域发展规划和服务体系规划，明确将居住、产业、公共设施、市政设施等各类用地的开发保护范围、用地规模和各类设施空间落实到具体地块，形成全域用地布局一张图。同时，以可传导性为原则，对文化旅游、海绵城市、地下空间、城市更新等专项规划以及下位规划的编制提出相应的原则和要求。在实施管理阶段，结合规划、国土、环保、交通、水利、农业等部门的职责分工，划定部门管理事权边界，确保各类用地的边界管制、用途管制与部门管理职责协调一致，确保用地的唯一属性。

5.4.2.1 土地利用规划

打破城镇和村庄的建设用地边界，进行全域的用地布局规划一张图绘制。首先，根据前文的资源环境承载力评价和国土空间开发适宜性评价结果进行空间落位，继而对生态保护红线、永久基本农田保护红线、城镇开发边界、村庄建设用地控制线以及文物古迹保护区界线等刚性边界进行划定，再根据上文提出的空间格局所确定的用地结构和规模进行全域的空间落位。

5.4.2.2 设施布局规划

各类设施主要包括公共安全设施、公共服务设施、市政基础设施和综合交通设施，其布局规划应根据上文提出的服务体系规划，坚持协调发展的策略，在充分考虑节约用地和尽量少切割用地原则的基础上，对其进行一张图上的空间落位并对其合理性进行检验，从而保证设施服务的高效与有效。

5.4.2.3 专项规划

专项规划是对小城镇特色资源产业的专项设计，重点应结合小城镇的资源禀赋和主导产业进一步细化其产业发展战略和品牌建设开发路径。例如，针对小城镇发展农业产业旅游联动的战略方向，旅游专项规划是整合小城镇内各项旅游资源实现

资源整体提升的专项指导，需要挖潜小城镇内农业产业旅游资源的比较优势，通过不同资源的联动与整合，实现全域旅游蓬勃发展。

5.4.3　注重特色风貌引导，实现特色风貌内生于小城镇开发建设

特色发展是小城镇的基本方向。小城镇和乡村特色发展的核心要素是乡土文化，而不是追大求洋。文化为魂，产业为形，资本的推手助力小城镇地域文化品牌塑造，是小城镇文化创新的重要路径，而小城镇特色风貌的展现是其文化传承和发扬最重要的空间载体。注重小城镇的地域性规划，应充分尊重本地居民的诉求、本地产业的诉求，注重小城镇全域统筹研究的地域性设计策略。

5.4.3.1　小城镇总体城市设计现状问题

伴随着城镇化的发展，我国小城镇总体城市设计的理论研究与实践逐渐增多，然而，高速的城镇化建设，致使理论与实践脱节，导致我国小城镇的总体城市设计依然存在着诸多问题。

1. 编制体系方面

由于其不具备法律效力，因此未能与规划的各个阶段进行很好的衔接。而且，很多小城镇的总体城市设计定位均存在雷同、过于夸大或者不准确等问题，这是由于其缺乏对自身城镇特质、城镇自然发展规律及市场需求等方面的前期分析工作进行深入分析。

2. 编制内容方面

目前我国很多城市设计导则的编制内容强调面面俱到，从而庞大繁杂，不论城市设计的层次、类型与项目特点，其编制内容均千篇一律，缺少针对性，导致其很难满足不同层次、不同项目特点和区域条件的要求。

3. 编制实施性方面

我国目前小城镇总体城市设计过于注重空间形态的设计，忽略了最基本的城镇市政基础设施、公共服务设施等方面的考虑。同时，由于没有法定的总体城市设计编制要求，导致了设计导则编制内容表达的随意化，主要体现为导则内规划原则多、具体实施指导少，文字多且专业、图示复杂但表达不深入。导则中“一致”“相呼应”“协调”等词过多，虽然给设计师以弹性化创作空间，但这对规划的落地实施及规划审核产生了很大的阻碍。

5.4.3.2　小城镇总体城市设计编制思路

基于小城镇风貌特色建构是一个复杂的系统，所涉及的对象在空间形态及尺度

规模上从宏观到微观有明显区别，因此结合城市设计的理论及方法，将构建内容嵌入体系框架，明确建构要素及具体要求，进一步完善特色风貌控制目标、流程及各项条件，为整个体系提供“血肉”。以此作为媒介，将小城镇总体城市设计与小城镇总体规划编制体系进行对接，协调小城镇风貌特色在全域空间范围内的塑造，使得整个风貌空间控制体系有章可循，因地制宜。小城镇特色风貌体系是指受自然、人工、人文等要素的影响，针对小城镇客体的风貌特色建构，从宏观全域特色架构设计层面以及微观特色要素设计层面进行引导，主要的引导内容包括：

1. 全域特色架构设计

小城镇风貌是由小城镇全域空间形态与山水自然环境形成的总体结构，以小城镇全域空间格局的方式呈现。其空间格局是从全域的角度审视小城镇空间的风貌特色，是以区域山水格局以及小城镇道路、广场等公共空间和建筑之间的空间肌理为骨架形成的平面形态，是小城镇历史发展演变呈现的空间特征，它反映了人工要素影响下生产空间、生活空间和生态之间的组合关系，是城镇人工要素与自然要素相互交织、关联所形成的整体空间秩序。这种秩序体现出小城镇的不同区位、自然环境与人为意图以及人为活动相互作用、融合的痕迹，具有鲜明的地域文化特征。全域特色架构设计应主要从区域山水格局、空间肌理结构以及风貌分区来对其风貌特色进行控制和引导。

2. 特色要素设计

特色要素设计主要是以形成城市意象的各要素为研究对象，以美国著名学者凯文· 林奇提出的城市意象五要素为代表。主要从区域、边界、道路、节点及标志物五个特色要素对小城镇的风貌特色加以控制。公共空间的形态、建筑的形象与尺度以及人们在公共空间的活动，都对小城镇风貌有着决定性的影响。

道路是小城镇各类功能的展示载体，不仅承载了交通功能，还包括景观功能、商业功能、文化功能以及交往空间等，是多功能的复合体，人们的交往、游憩、文化的展示、沿街建筑的立面均在这里呈现，是小城镇文化艺术、建筑艺术、自然环境的综合体。

从城市进入小城镇本身就是一种跨越“边界”的行为，其目的就是为了感知不同的文化与自然氛围，边界空间是首要的认知要素。因此，如何处理山水与小城镇的边界空间是其风貌特色建构的关键，如果一味地模仿大城市开挖山体与人工水渠，将丧失其边界空间的作用。

区域要素是小城镇意象要素的基本组成要素之一，不同区域有着不同的功能和内涵，也代表着不同的风貌，例如，公园、广场、历史建筑区代表着不同的功能区域，是人们经常进入的区域场所，它们承载着不同的功能，有着不同的风貌特征，给人留下不同的小城镇认知印象。

节点是小城镇结构空间的重要连接点，同时也是小城镇在不同空间尺度上表现的焦点、汇聚点，更有可能是小城镇与区域的核心。节点或存在于区域中心，或存在于道路，甚至边界中也有节点，它们是人们认识小城镇的要素，也是人们对小城镇环境印象的重要缩影。

标志物是人们公认的小城镇形象标志，一般占据重要位置，具有明显的造型特色和强烈的意象表达功能，其存在往往与小城镇历史、文化、人物以及重大事件相联系，是小城镇历史发展的缩影，往往引起人们的共鸣。因此标志物不但丰富小城镇风貌，而且帮助人们认知与理解环境。小城镇风貌特色的构建，标志物既要体现其丰富的地域文化内涵，更要容易被人们感知，它们是人们心中的文化符号，会给人留下深刻的印象。

5.4.4　构建形成“可传导、可维护、可监管、可分工”的规划实施体系

小城镇全域空间总体规划经法定程序批准后将成为小城镇发展的法定蓝图。各部门各单位各方面应坚持依法办事，涉及空间规划的事情自觉接受总体规划约束，坚决维护总体规划的严肃性和权威性。尊重公众对规划的知情权、参与权与监督权，调动各方面参与和监督规划实施的积极性、主动性和创造性。相关部门应做好组织实施和服务工作，保障小城镇功能布局良好、运行有序，各项建设与管理按照总体规划有效实施。

5.4.4.1　建立可传导的规划实施及管控体系，实现一张蓝图绘到底

建立可传导的规划实施及管控体系，正是需要围绕共同的目标，以领导小组为主导，各部门协作，建立一张图审批管理平台。发挥各部门的工作优势，避免重复的交叉工作。提高规划统筹管理水平和执行效果，形成统一衔接、功能互补、相互协调、一以贯之的一本规划、一张蓝图。

加强对总体规划总目标的分解细化，制定完善规划指标管控体系和落实机制，强化总体规划的调控作用，确保总体规划刚性要求有效落实。结合国民经济和社会发展规划、财政支出等，滚动编制年度实施计划、年度重点实施项目清单、负面准入清单等内容。

完善政策机制，推动政府、社会、公众同心同向行动，使政府有形之手、市场

无形之手、公众勤劳之手同发力，鼓励企业和公众通过各种方式参与小城镇的建设管理，推动规划的有效实施。作为直接受众群体的公众，作为组织方的规划管理部门，作为执行方的镇街基层政府，作为投资建设方的企业公司，他们也是公众参与的主体，以不同的身份角色共同推进规划的实施，在全过程中发挥着各自的作用。

5.4.4.2　建立可维护的管理评估机制，提高规划实施的科学性和有效性

根据前文在发展战略规划中所列举的各项指标体系，按年度对发展目标进程进行评估，实施指标体系的定期动态管理。建立常态化评估机制，定期对社会公布规划评估情况，年度体检结果作为下一年度实施计划编制的重要依据。

搭建信息监测管理平台，对总体规划中确定的各项指标进行实时监测。定期发布监测报告，将监测结果作为规划实施评估和行动计划编制的基础。

开展规划的动态维护。采取完善规划实施机制、优化调整近期建设规划和年度实施计划等方式，确保总体规划确定的各项内容得到落实，并对规划实施工作进行反馈和修正。

5.4.4.3　建立可监管的监督问责制度，维护规划的严肃性和权威性

逐步形成覆盖空间规划建设管理全过程的法律法规制度。完善规划执行决策的法定程序，促进规划实施的依法、科学、民主决策。加大行政执法力度，提高违法成本，推进行政执法与刑事司法、纪检监察相衔接。

健全编制公告、实施公开和修改公示各阶段工作的规划公开制度，在规划编制期间，适时向社会公示规划方案，广泛征求社会各界的意见和建议。完善各级各类规划实施的社会公开和监督机制，形成全社会共同遵守和实施规划的良好氛围。对已经批准的总体规划的强制性内容进行修改时，应当采取多种形式充分征求公众意见。确需修改的，依照法定程序报原审批机关批准，并在规划修改期间向社会公示规划修改内容。

完善规划监管信息平台，强化对规划全过程信息化监管，促进行政机关和有关主体主动接受社会监督。健全监督问责机制，对违反规划和落实规划不力、造成严重损失或者重大影响的，一经发现，坚决严肃查处，依法依规追究责任。

5.4.4.4　加强可分工的组织保障，完善规划实施统筹决策机制

建立职责明确、部门协作的整体组织架构。以镇政府相关部门为主导，全面统筹、协调、调度推进各项工作的开展。各部门应努力配合，提供资料，参与审查，空间协调，统筹落地，以此形成自上而下、由内而外的共管合力，确保规划工作的顺利开展。

为保障规划工作的顺利开展，规划相关部门应不断完善政策文件的制定，明确工作目标、推进路径和重点方向，规定工作的主要内容、要求与工作推进的节奏、完成时限，有效地把各主体规划力量都动员起来，不断推进规划实施的工作进展。

建立共编、共管、共享的部门协同机制。总体规划由规划部门和相关部门共同编制、共同管理、共同使用，并由镇政府进行全域管控和协调。制定工作计划任务分解表，将各任务分阶段落实到责任单位、配合单位，并明确将该项工作纳入年度目标考核。加强对规划编制与实施中的专业技术支撑和快速应对，成立专门的核心技术团队，强化重大事项的长期跟踪与技术积累。

5.5　特色小城镇全域空间规划的体系框架

特色小城镇镇村空间规划体系如下：

特色小城镇镇村空间规划体系　　表 5-1

<table>
<tr><td rowspan="19">空间格局</td><td rowspan="10">全域发展规划</td><td rowspan="2">产镇村一体化策略</td><td>制度策略</td></tr>
<tr><td>行动策略</td></tr>
<tr><td rowspan="5">产业发展规划</td><td>产业结构规划</td></tr>
<tr><td>产业培育策略</td></tr>
<tr><td>产业空间布局</td></tr>
<tr><td>产业服务规划</td></tr>
<tr><td>产业经营规划</td></tr>
<tr><td rowspan="3">镇村体系规划</td><td>镇村功能结构</td></tr>
<tr><td>镇村规模结构</td></tr>
<tr><td>镇村布局</td></tr>
<tr><td rowspan="9">服务体系规划</td><td rowspan="6">公共安全体系</td><td>全域防洪安全</td></tr>
<tr><td>全域防震安全</td></tr>
<tr><td>全域地质灾害防治</td></tr>
<tr><td>全域重大危险源安全</td></tr>
<tr><td>全域消防</td></tr>
<tr><td>全域人民防空</td></tr>
<tr><td rowspan="3">公共服务体系</td><td>教育科研</td></tr>
<tr><td>医疗卫生</td></tr>
<tr><td>商业服务</td></tr>
</table>

续表

空间格局	服务体系规划	基础设施体系	给水
			污水
			电力
			电信
			供热
			燃气
			环卫
		综合交通体系	对外交通联络线
			全域主次干交通网
			全域公交系统
			交通信息化建设与交通管理
空间布局	土地利用规划	产业用地规划	
		居住用地规划	
		公共服务设施用地规划	
		市政基础设施用地规划	
		绿地系统规划	
		道路交通规划	
		安全设施用地规划	
		土地利用总图	
	专项规划	文化旅游专项	旅游资源梳理及定位
			旅游功能规划
			旅游线路规划
			旅游配套设施规划
			旅游市场营销
		海绵城市专项	海绵城市建设分区及管控要求
			海绵城市基础设施规划
		地下空间专项	地下空间功能分区及管控要求
			地下空间规模
		城市更新专项	土地摸底、整理及挖潜
			城市更新策略
			城市更新分类指引
			城市更新的机制设计
	设施布局规划	设施布局总图	

续表

空间设计	总体城市设计	设计策略	
		特色架构设计	区域山水格局
			空间肌理结构
			风貌分区指引
		特色要素设计	道路
			边界
			区域
			节点
			标志物
实施管理	规划评估与实施	实施管控	底图叠合
			指标统合
			政策整合
		管理评估	评价指标体系
			信息监测管理平台
			动态维护
		监督问责	城市规划法律法规体系
			规划公开制度
			监督考核问责制度
		组织保障	组织架构
			政策保障
			部门协同机制

参考文献

[1] 李树琮 . 我国小城镇的特征和发展取向 [J]. 首都经济贸易大学学报，2001，3（3）：58-61.

[2] 罗震东，何鹤鸣 . 全球城市区域中的小城镇发展特征与趋势研究——以长江三角洲为例 [J]. 城市规划，2013，37（1）：9-16.

[3] 朱建达 . 我国镇（乡）域小城镇空间形态发展的阶段模式与特征研究 [J]. 城市发展研究，2012，19（12）：33-37.

[4] 关中美，王韶辉 . 小城镇交通特征研究 [J]. 洛阳理工学院学报（自然科学版），2007，17（1）：22-24.

[5] 郭晓鸣 . 简论小城镇发展的特征及趋势 [J]. 学术评论，1987（10）：52-54.

[6] 卢道典，黄金川 . 从增长到转型——改革开放后珠江三角洲小城镇的发展特征、现实问题与对策 [J]. 经济地理，2012，32（9）：21-25.

[7] 王茵茵，崔玲，陈向军 . 旅游影响下村落向小城镇形态演变特征分析——以大理市喜洲镇为例 [J]. 华中建筑，2013（4）：156-160.

[8] 曹健 . 常熟小城镇的类型与地域结构分析 [J]. 苏州科技学院学报（社会科学版），1989（S1）：64-71.

[9] 张小林 . 小城镇空间类型研究 [J]. 现代城市研究，1996（3）：54-59.

[10] 吴伟 . 我国小城镇的基本类型 [J]. 城乡建设，1996（3）：25.

[11] 韩非，蔡建明，刘军萍 . 大都市郊区小城镇的经济地域类型及其空间分异探析——以北京市为例 [J]. 城市发展研究，2010，17（4）：123-128.

[12] 刘显清，李世民 . 农业现代化的主要特征及发展趋势 [J]. 现代化农业，2013（04）.

[13] 曹新 . 坚持走中国特色农业现代化道路 [J]. 理论学习，2013（03）.

[14] 杨少垒，蒋永穆 . 中国特色农业现代化道路的科学内涵 [J]. 上海行政学院学报，2013（01）.

[15] 王国敏，赵波 . 中国农业现代化道路的历史演进：1949—2010[J]. 西南民族大学学报（人文社会科学版），2011（12）.

[16] 赫修贵 . 中国特色农业现代化道路及其实施策略 [J]. 理论探讨，2009（02）.

[17] 费孝通 . 论中国小城镇的发展 [J]. 中国农村经济，1996，（3）：3-5+10.

[18] 吴康，方创琳．新中国60年来小城镇的发展历程与新态势[J]. 经济地理，2009-10，29（10）：1605-1611.

[19] 赵之枫．关于小城镇发展模式的思考[J]. 城市发展研究，2001（2）：37-40.

[20] 朱建达．小城镇空间形态发展规律：未来规划设计的新理念、新方法[M]. 南京：东南大学出版社，2014.

[21] 王士兰，陈前虎．浙江省中小城镇空间形态演化的研究[J]. 浙江大学学报（理学版），2001，28（6）.

[22] 耿虹，高永波．胶东小城镇空间结构形态当前发展问题探究[J]. 小城镇建设，2014（10），53-59+103.

[23] 张学鹏，卢平．中国农业产业化组织模式研究[M]. 北京：中国社会科学出版社，2011.

[24] 刘冲．白村：农业产业化导向下关中新型农村社区空间规划模式研究[D]. 西安建筑科技大学，2017.

[25] 于弘文，顾宝昌.2010年第六次全国人口普查挑战与展望[J]. 人口研究，2009（11）：42-56.

[26] 贺雪峰．小农立场[M]. 北京：中国政法大学出版社，2013.

[27] [日] 有田博之，（译）王宝刚．日本的村镇建设[J]. 小城镇建设，2002（6）：86-89.

[28] 范绍磊．美丽乡村视角下的乡村空间布局研究[D]. 济南：山东建筑大学，2014.

[29] 高密．基于产业结构调整视角下的乡村规划方法初探[D]. 重庆：重庆大学，2012.

[30] 张春华．城乡一体化背景下农业产业化组织形式研究[D]. 武汉：华中师范大学，2012.

[31] 张敏．中国农业产业化组织形式比较研究[D]. 济南：山东大学，2009.

[32] 马强．国内外农业产业化组织模式对比研究[D]. 太原：山西财经大学，2006.

[33] 李杰义．农业产业链视角下的区域农业发展研究[D]. 上海．同济大学，2008.

[34] 周建华，张岳恒．广东分区域农业产业化经营模式的选择[J]. 华南农业大学学报社科版，2004，3（03）.

[35] 孙晓霞．东北地区农业产业化组织模式研究[D]. 长春：吉林大学，2008.

[36] 蒋宵宵．河北省农业产业化对城镇化的推动作用及发展对策研究[D]. 河北师范大学，2014.

[37] 牛若峰，夏英．农业产业化经营的组织形式和运行机制[M]. 北京．北京大学出版社，2000.

[38] 张晓山．产业链联盟视角下的农业产业化经营模式研究[J]. 软科学，2007，21（01）.

[39] 段炼，佘娇．农业产业化导向下的“乡规划”编制初步研究[J]. 西部人居环境学刊，2014（2）.

[40] 梁娟丽．杨凌农业示范区新型城镇化的空间模式及规划策略研究[D]. 西安：西安建筑科技大学，2014.

[41] 左宜．基于农业规模化生产的镇域村庄体系规划引导[C]. 中国城市规划年会论文集，2016.

[42] 黄星溢．武汉市蔡甸区小城镇空间形态演变的产业动力机制[J]. 规划师，2015.

[43] 杨月，朱建达．苏州小城镇空间形态演变的经济动力机制初探[J]. 小城镇建设，2011（05）.

[44] 田雯婷 . 特色小城镇的产业发展与城镇空间的耦合关系研究——以制造业型为例 [D]. 成都：西南交通大学，2015.

[45] 李凡 . 农业现代化背景下高阳镇镇域空间结构研究 [D]. 西安：西安建筑科技大学，2015.

[46] 傅诚 . 湘北丘陵地区小城镇空间形态研究 [D]. 湖南：湖南大学，2009.

[47] 徐扬波，巢耀明 . 特色农业型小城镇产业发展模式初探 [C]. 贵阳：中国城市规划年会，2015.

[48] 朱喜刚，汪珠 . 浙江省小城镇的分类与发展模式研究 [J]. 小城镇建设，2008.

[49] 张小雄 . 鄂东区域小城镇发展模式研究 [D]. 武汉：华中科技大学，2006.

[50] 吴景龙，袁华军 . 国外小城镇建设与发展模式及其对我国的启示 [J]. 小城镇建设，2001（2）.

[51] 苏群 . 农业产业化经营的组织模式与农民合作经济组织的培育 [J]. 农村经济，2004，（03）：35-37.

[52] 黄彬 . 我国农业产业化组织有效模式问题研究 [J]. 内蒙古社会科学，2005，26（04）：92-96.

[53] 梁开竹 . 借鉴日本经验，推进我国农业产业化的发展 [J]. 广州市财贸管理干部学院学报，2003，（11）：41-46.

[54] 黄婿 . 农业产业化中的农村非正式组织与农民合作研究 [J]. 安徽农业科学，2011，39（03）：1791-1793，1795.

[55] 郤艳丽等 . 我国村镇规划编制现状、存在问题及完善措施探讨 [J]. 规划师，2010，（06）：69-74.

[56] 陈晓华，章莉莉 . 欠发达地区乡村空间重构及规划策略——以安徽省池州市为例 [J]. 池州学院学报，2009，23（06）：42-46，51.

[57] 张小林 . 乡村空间系统及其演变研究：以苏南为例 [M]. 南京：南京师范大学出版社，1999.

[58] 肖唐彪 . 转型中的乡村建设：过程、机制与政策分析 [J]. 中国农村观察，2003，（06）：65.

[59] 葛红岩 . 借鉴发达国家经验走农业产业化之路 [J]. 农业经济，2006，（08）：36-38.

[60] 张岳恒，饶本勇 . 美国农业产业化经营的主要模式与经验 [J]. 南方农村，1996，（06）：49-51.

[61] 沈惠新，常江，尤海梅 . 徐州市乡村空间形态演化研究 [J]. 现代城市研究，2013，28（11）：93-98.

[62] 马文军 . 中国农业科技示范园区可持续发展研究 [D]. 杨凌：西北农林科技大学，2003.

[63] 曾磊，刑慧斌 . 产业融合视角下的现代农业示范区规划——兼论其旅游功能的拓展 [J]. 安徽农业科学，2011，39（33）：20617-20619.

[64] 徐雄佐 . 华阴——陕西农垦城乡统筹发展及现代农业示范区建设模式探索 [J]. 中国农垦，2012，5：41-44.

[65] 刘盛和 . 城市土地利用扩展的空间模式与动力机制 [J]. 地理科学进展，2002，21（1）：43-50.

[66] 周春山 . 城市空间结构与形态 [M]. 北京：科学出版社，2007.

[67] 张玉军，刘照亭，王敬根，曲直．区位理论与农业科技园区的空间布局模式研究 [J]. 江西农业学报，2010，22（6）：211-214.

[68] 王绯．杨凌农业产业化经营模式分析 [D]. 杨凌：西北农林科技大学，2008：31.

[69] 陈剑．加快农业产业化经营发展模式及路径选择 [J]. 农业经济 .2010，（1）：22-23.

[70] 王晓旭，孟全省．农业产业化龙头企业发展现状、问题与对策 [J]. 北方园艺，2012（10）：198-202.

[71] 张欣然．石河子垦区城镇化空间发展模式研究 [D]. 石河子：石河子大学，2013：61.

[72] 陈剑．加快农业产业化经营发展模式及路径选择 [J]. 农业经济 .2010，（1）：22-23.

[73] 李振堂．发挥政府引导作用，加快农业机构调整 [J]. 改革与战略 .2001，（1）：29-32.

[74] 刘娟娟，李仕明．产业联动对区域竞争力的影响研究 [J]. 2010，9（7）：24-26.

[75] 金佳莉．北京平原区生态空间特征及其优化研究 [D]. 北京：中国林业科学研究院，2015.

[76] 石忆邵．国内外村镇体系研究述要 [J]. 国外城市规划，2007.

[77] 李昌平．大气候——李昌平直言“三农”[M]. 陕西人民出版社，2009.

[78] 张培刚，庄宇．新时期城乡统筹理念在县域城镇体系规划中的运用 [J]. 安徽农业科学，2007（33）.

[79] 雷振东，于洋，马琰．青海高海拔浅山区新型村镇规划策略与方法 [J]. 西部人居环境学刊，2015（2）：36-39.

[80] 杨忍，刘彦随，龙华楼，王洋，张怡筠．中国村庄空间分布特征及空间优化重组解析 [J]. 地理科学，2018，36（2）：170-179.

[81] John H.Davis，Roy A.Goldberg.A concept of Agribusiness[J]. Harvard University，1957，（01）：58-100.

[82] Ronald-D. Knutson Agricultural and Food police[J]. Harvard University，1983，（01）：26-31.

[83] Cecilia Valencia-SanDoval，David N.FlanDers，Robert A.Kozak. Participatory landscape planning and sustainable community Development：Methodological observations from a case study in rural Mexico[J]. Landscape and Urban Planning，2010.

[84] Felipe R. Vazquez-Palacios.The Spatial Practices of the Elderly in Rural Settings，Environmental Gerontology in Europe and Latin America[J]. 2015.

[85] 张云，朱慧方，毛蒋兴等．市域国土空间规划技术路径及实践 [J]. 规划师，2015（11）：52-57.

[86] 陶岸君，王兴平．市县空间规划“多规合一”中的国土空间功能分区实践研究——以江苏省如东县为例 [J]. 现代城市研究，2016（9）：17-25.

[87] 胡耀文，尹强．海南省空间规划的探索与实践——以《海南省总体规划（2015 ~ 2030）》为例 [J]. 城市规划学刊，2016（3）：55-62.

[88] 叶红 . 珠三角村庄规划编制体系研究 [D]. 华南理工大学，2015.

[89] 刘和涛 . 县域村镇体系规划统筹下“多规合一”研究——以商城县为例 [D]. 华中师范大学，2015.

[90] 杜文平 . 基于城乡统筹的县域村镇体系规划研究——以河南省浙川县为例 [D]. 南京大学，2010.

[91] 梅钊 . 欠发达地区县域村庄布点规划研究——以安徽省临泉县为例 [D]. 东南大学，2014.

[92] 李鄰鄰 . 县（市）域城乡总体规划编制的理论与实践探索——以湖北省为例 [D]. 华中科技大学，2014.

[93] 蔡立力，县域乡村建设规划 [J]. 小城镇建设，2016，（01）：22-24.